D1620787

Weber / Storch
Tigerblick trifft Himbeerlächeln

ZRM-Bibliothek
herausgegeben von Maja Storch

Julia Weber & Johannes Storch

Tigerblick trifft Himbeerlächeln

Wie Ihnen das Unbewusste
dabei hilft, lustvoll zu flirten

Verlag Hans Huber

Programmleitung: Tino Heeg
Lektorat: Dr. Maria Schorpp, Konstanz
Herstellung: Shatuna Sellaiah, Bern
Illustration: Claude Borer, Riehen
Umschlagillustration: Claude Borer, Riehen
Umschlaggestaltung: Claude Borer, Riehen
Druckvorstufe: Claude Borer, Riehen
Druck und buchbinderische Verarbeitung: Kösel, Altusried-Krugzell
Printed in Germany

Bibliografische Information der Deutschen Nationalbibliothek
Die Deutsche Nationalbibliothek verzeichnet diese Publikation
in der Deutschen Nationalbibliografie; detaillierte bibliografische
Daten sind im Internet über http://dnb.d-nb.de abrufbar.

Anregungen und Zuschriften bitte an:
Verlag Hans Huber
Lektorat Psychologie
Länggass-Strasse 76
CH-3000 Bern 9
Tel: 0041 (0)31 300 4500
Fax: 0041 (0)31 300 4593
verlag@hanshuber.com
www.verlag-hanshuber.com

1. Auflage 2012
© 2012 by Verlag Hans Huber, Hogrefe AG, Bern
(E-Book-ISBN 978-3-456-94861-4)
ISBN 978-3-456-84861-7

Inhalt

Für Maja, danke für deine weitsichtigen Interventionen und lustvollen Denkanstöße im Umgang mit uns und unserem Flirtprojekt.

Wie alles begann ...

Kennen Sie auch Menschen, die mit ihrem Gegenüber einfach so flirten? Mit einer Leichtigkeit, dass Sie sich daneben wie ein Elefant im Porzellanladen vorkommen? Personen, die scheinbar bei jedem Flirt Erfolg haben und selten alleine nach Hause gehen? Die auch einen Misserfolg souverän wegstecken und unverdrossen weiterflirten, während Sie nach einem Korb über Wochen gelähmt und mutlos sind? Menschen, die das Flirten spielerisch und leicht nehmen und denen die Herzen von ganz alleine zufliegen, wohingegen Sie trotz bester Planung immer wieder Ihre Grenzen aufgezeigt bekommen?

Damit sind Sie sicher nicht allein. Aber was machen diese Menschen anders als Sie? Haben sie etwa Flirtkurse besucht und viel geübt? Kommen sie vielleicht von einem anderen Stern? Ist diese Leichtigkeit angeboren oder gibt es ein Flirt-Gen? Wahrscheinlich wollen Sie ja nicht einmal genauso werden wie diese Flirtweltmeister. Sie wären schon froh, wenn es Ihnen gelänge, mit Ihrem attraktiven und interessanten Gegenüber normal zu sprechen und hier und da ein Lächeln hervorzubringen. Schön wäre es außerdem, wenn Sie endlich die kreisenden Gedanken abstellen könnten: Findet er/sie mich attraktiv? Was könnte ich denn jetzt sagen, um geistreich zu erscheinen? Habe ich vielleicht noch Essensreste zwischen den Zähnen? Bin ich etwa zu aufdringlich?

Es gibt genügend Flirtbücher, die viele Tipps und Tricks bereithalten und versprechen, Ihnen beizubringen, wie man ein guter Flirter oder eine gute Flirterin wird und angstfrei den Traumpartner anspricht. Möglicherweise haben Sie auch schon Ihr Glück mit dem einen oder anderen Trick versucht. Allerdings mussten Sie immer wieder feststellen, dass Sie ihn dann im entscheidenden Moment nicht umsetzen konnten. Da steht zum Beispiel: «Sehen Sie eine Person, die Ihnen gefällt, dann nehmen Sie mit ihr Augenkontakt auf. Erwidert sie diesen, gehen Sie geradewegs auf sie zu und machen ihr ein Kompliment bezüglich ihres Aussehens, oder stellen Sie eine konkrete Frage.»

Sehen Sie dann eine solche Person, trauen Sie sich kaum, sie anzuschauen. Sie sind unsicher, ob ihr Blick auch wirklich Ihnen gegolten hat und nicht etwa Ihrem Nachbarn. Und haben Sie dann endlich den Mut aufgebracht, auf sie zuzugehen und sie anzusprechen, kommt nur Gestotter aus Ihrem Mund. Im Nachhinein haben Sie sich dann über sich und Ihr Verhalten geärgert und sich fest vorgenommen, das nächste Mal alles besser zu machen – wie schon so oft.

Zur Beruhigung: Tipps, deren Umsetzung Ihnen schwerfällt, werden Sie in diesem Buch nicht erhalten. Wir wollen Ihnen stattdessen zeigen, wie Sie mithilfe Ihres Unbewussten lustvoll und authentisch flirten lernen können. Sie erschaffen sich Ihr ganz persönliches Flirtverhalten, mit dem Sie sich wohlfühlen und das zu Ihnen passt. Ganz egal, was Sie zum Kauf dieses Buchs bewogen hat und ob Sie mit Männern oder Frauen flirten wollen, die Technik, die Sie bei uns lernen, ist universell. Es spielt keine Rolle, ob Sie alt oder jung, groß oder klein, hetero- oder homosexuell, dick oder dünn, schüchtern oder mutig sind. Vielleicht sind Sie ja ein Mann, der es endlich schaffen will, seine Schüchternheit abzulegen? Hätten Sie gerne mehr Leichtigkeit in Ihrem Flirtverhalten? Wollen Sie Ihren Traummann finden und eine Familie gründen? Oder wollen Sie einfach nur mehr Pep in Ihr Singleleben bringen? Das entscheiden Sie selbst, und Sie selbst erarbeiten sich Schritt für Schritt Ihr persönliches neues Flirtverhalten.

Zu Beginn möchten wir Ihnen erklären, wie wir überhaupt auf die Idee kamen, ein eigenes Flirtbuch zu schreiben. Wir – das sind Julia Weber und Johannes Storch – geben seit mehreren Jahren Selbstmanagementtraining in vielen verschiedenen Bereichen des menschlichen Lebens. Wir benutzen dazu die Methode des Zürcher Ressourcen Modells, kurz ZRM. Das ZRM-Training wurde 1992 von Dr. Maja Storch und Dr. Frank Krause für die Universität Zürich entwickelt (STORCH & KRAUSE, 2007). Es beruht auf aktuellen neurowissenschaftlichen und psychologischen Erkenntnissen und ist wissenschaftlich fundiert. Es ist eine vielfach erprobte Methode zur gezielten Entwicklung von neuen Handlungskompetenzen und orientiert sich konsequent an den individuellen Ressourcen einer Person.

Dieses Training hat sich insbesondere immer dann als sehr erfolgreich erwiesen, wenn Menschen lernen wollen, so zu handeln, wie es ihren eigenen Wünschen entspricht. Dies gilt für themenspezifische Trainings mit Baumarktverkäufern, Führungskräften von Kraftwerken oder Krankenkassenangestellten, aber auch für themenoffene Trainings, an denen vom Landwirt über die Richterin, von der Arzthelferin bis zum Psychologen die unterschiedlichsten Personen teilnehmen. In unseren Seminaren tauchten immer wieder die Themen Flirten und erfolgreiche Partnersuche auf oder sie lieferten schlicht den Grund für den Seminarbesuch. Wir stellten fest, dass es bei vielen Menschen in diesem Bereich ein großes Bedürfnis nach Unterstützung gibt. Da Flirten und Partnersuche für viele Menschen ein Lebensthema ist, aber die wenigsten öffentlich darüber sprechen wollen, haben wir beschlossen, Flirttraining-Kurse mit der ZRM-Methode anzubieten. Die Nachfrage war so groß, dass wir auf die Idee kamen, darüber ein Buch zu schreiben. Damit wollen wir möglichst vielen Menschen vermitteln, wie sie lernen können, selbstbestimmt, authentisch und lustvoll zu flirten. Wir führen Sie durch dieses Buch wie durch einen unserer Kurse. Wir sind sehr zuversichtlich, dass Sie am Ende in der Lage sein werden, Ihr eigenes, ganz persönliches neues Flirtverhalten zu entwickeln.

Julia Weber & Johannes Storch

Kapitel eins

Was für ein Flirttyp bin ich

Jeder Mensch ist einzigartig und hat in seinem Leben unterschiedliche Dinge erlebt, die sein Verhalten prägen. Auch beim Flirten und in der Liebe hat jeder seine eigenen Erfahrungen gesammelt, die das aktuelle Flirtverhalten beeinflussen. Trotzdem stellen wir Ihnen im Folgenden sechs Flirttypen vor, die wir so oder ähnlich immer wieder in unseren Seminaren antreffen. Anhand der Beispiele dieser sechs Typen werden wir Sie durch dieses Buch wie durch einen unserer Kurse führen. Sie sind herzlich eingeladen, die Arbeitsblätter gleich auszufüllen, Sie können aber auch zuerst das Buch in einem Rutsch durchlesen und danach an Ihrer Strategie arbeiten. Die abgebildeten Arbeitsblätter können Sie kostenlos unter www.ismz.ch bei «Downloads» herunterladen, falls Sie nicht direkt ins Buch schreiben wollen.

Die Unnahbare

«Mir wurde schon mehrmals von Männern zurückgemeldet, dass ich so unnahbar wirke. Dabei bin ich ja gar nicht so.» Monika, 29 Jahre alt, arbeitet als Anwältin in einer großen Kanzlei. Sie ist zuverlässig, und Ordnung ist ihr wichtig. «Ich glaube, dass ich Angst habe, dem Mann durch offenherziges Verhalten gleich grünes Licht fürs Bett zu geben. Eine anständige Frau flirtet doch nicht einfach so drauf los! Außerdem finde ich es ungerecht, wenn ich mit einem Mann nur flirte und es dann nicht ganz durchziehe. Also wer A sagt, muss doch auch B sagen!» Monika möchte auf keinen Fall den Eindruck vermitteln, sie sei leicht zu haben.

Ihr größtes Hobby ist ihr Pferd, dem sie sich täglich zwei Stunden widmet, am Wochenende auch deutlich länger. Als leidenschaftliche Dressurreiterin fühlt sie sich, wenn es um das Thema Pferde geht, so richtig in ihrem Element. Mit ihrer besten Freundin Kathrin redet sie über alles, ihr vertraut sie ihre Probleme, Sorgen und Nöte an. Ein immer wiederkehrendes Thema bei ihren Gesprächen ist das Flirten und wie sie es schaffen kann, einen zu ihr passenden Mann kennenzulernen. Kathrin gibt ihr oft Tipps, mit denen sie selbst erfolgreich ist, aber leider kann Monika diese im entscheidenden Moment nicht umsetzen. Dies beschäftigt und ärgert sie dann noch über mehrere Tage. Versucht ein Mann mit ihr ein privates Gespräch zu beginnen, so fangen Monikas Gedanken sofort an zu kreisen: Der will bestimmt nur das eine von mir! Passen wir überhaupt zusammen? Der Typ hasst sicher Pferde oder hat eine Pferdehaarallergie! Was, wenn er nur mit mir spielt? «Ja, und dann reagier ich halt zurückhaltend. Vielleicht kommt das dann bei den Männern als Abweisung an, aber ich bin ja nur vorsichtig.»

Die letzte Beziehung von Monika liegt bereits drei Jahre zurück. Sie hätte gerne wieder einen festen Partner. Doch ihre Angst, mit ihrem Flirtverhalten bei den Männern falsche Erwartungen auszulösen, lässt sie kühl und distanziert reagieren. «Die Momente, in denen ich lächle, haben in meinem Leben deutlich abgenommen.» Im Nachhinein bedauert Monika zumeist, so abweisend gewesen zu sein, und hat das Gefühl, dass sie sich zunehmend vor der Männerwelt zurückzieht. «Es ist so ein blöder Kreislauf, ich weiß einfach nicht, wie ich da rauskomme und es schaffen kann, lächelnd und nett zu zeigen, dass ich das ja schon toll finde, wenn mich einer anflirtet, ohne ihm das Gefühl zu geben, ich geh noch in der gleichen Nacht mit ihm ins Bett.»

Auf die Frage, was sie sich denn von diesem Seminar verspricht, erwidert Monika: «Ich möchte mutiger und offener werden. Es wäre so schön, wenn ich einfach mal lächeln könnte, wenn mich ein süßer Typ anflirtet. Ich würde so gerne diese störenden Gedanken abstellen und mich etwas mehr auf mein Gegenüber einlassen können. Ich würde so gerne die Angst verlieren, jeden Flirt bis zum Schluss durchziehen zu müssen. Ich würde so gerne für mich die Sicherheit gewinnen, diejenige zu sein, die die Spielregeln beim Flirten festlegt.»

Der Schüchterne

«Ihr müsst mir dabei helfen, meine Schüchternheit loszuwerden», sagt Manfred, 52 Jahre alt, der als Sachbearbeiter beim Finanzamt einer süddeutschen Stadt arbeitet. Er ist dort für die Buchstaben A–D zuständig, wie er anmerkt. «Ich hatte schon immer Schwierigkeiten, mit Frauen in Kontakt zu kommen. Ein Schürzenjäger war ich noch nie und will es auch gar nicht werden. Aber den Mut haben, eine Frau anzusprechen und auch ein längeres Gespräch mit ihr zu führen, würde ich schon gerne lernen.» Manfred wirkt ruhig und zurückhaltend und spricht mit leiser Stimme. Seine letzte Beziehung liegt zehn Jahre zurück. Er liebte seine damalige Partnerin sehr. Doch eines Tages lernte sie einen anderen Mann kennen und trennte sich Hals über Kopf von Manfred. Seither lebt er allein.

«Ich weiß, dass ich kein Adonis bin», schmunzelt Manfred und streichelt über sein Bäuchlein, «aber ich will ja auch kein Model zur Frau, meine zukünftige Partnerin darf auch ruhig was zum Anfassen haben. Viel wichtiger als ihr Aussehen ist mir ihr Charakter. Warmherzig, freundlich und fröhlich soll sie sein. Toll wär's, wenn sie die Natur liebt und wir zusammen Angelausflüge machen können.» Manfred angelt leidenschaftlich gerne und engagiert sich im örtlichen Angelverein als Kassenwart und Vorstandsmitglied. Im Urlaub fährt er mit seinem Wohnmobil zu Angelwettbewerben im ganzen Land und träumt von einer Angeltour nach Schweden. «Diesen Traum würde ich am liebsten mit einer netten Frau an meiner Seite verwirklichen. Natürlich nicht die ganze Zeit nur angeln, sondern auch das Land bereisen und die dortige Fauna und Flora erkunden. Ja, vier Wochen Schweden, zu zweit mit meinem Wohnmobil, das wäre schön», strahlt Manfred verträumt.

Seine Angst, Frauen anzusprechen, wird noch durch die Sorge verstärkt, dass er sich ihnen nicht aufdrängen will. «Ich möchte wirklich niemandem auf die Nerven gehen und bei meinem Gegenüber nicht aufdringlich wirken. Wenn ich dann doch einmal den ersten Schritt gemacht habe, kommt bei mir schnell der Gedanke, dass ich der Frau lästig bin, dass sie nur aus Anstand mit mir ein Gespräch führt. Und dann kommt sofort wieder meine Unsicherheit, ich verhasple mich, bin wie blockiert und stehe da wie ein Esel.» Manfred erhofft sich von dem Seminar zu lernen, wie er etwas gegen seine Schüchternheit unternehmen kann.

«Wenn ich es nur endlich schaffen könnte, irgendwie mutiger zu werden und meine Schüchternheit abzulegen. Ich würde so gerne Frauen ansprechen können und das in einer intelligenten, lockeren und interessanten Art. Dann wäre mein Umgang mit Frauen sicherlich viel entspannter.»

Die Rastlose

«Für mich müsste der Tag 48 Stunden haben», seufzt Anna, «wisst ihr, als selbstständige Geschäftsfrau hat man immer was zu tun.» Nach ihrer Scheidung vor acht Jahren hat sie sich ihren Traum einer eigenen kleinen Boutique erfüllt, in der sie neben modischer Kleidung auch Schmuck und Accessoires verkauft. Anna, 55 Jahre alt, ist elegant und ausgefallen gekleidet, und ihr quirliges, lebensfrohes Naturell wirkt ansteckend. «Ihr glaubt ja gar nicht, was so eine kleine Boutique an Arbeit bedeutet. Also, ich will hier nicht rumjammern, ich bin stolz und glücklich über meinen Laden, den wollte ich schon immer. Aber ich hab einfach ständig etwas zu tun: Bestand prüfen, Bestellungen machen, Kundenkontakte pflegen, Einkaufsreisen, Modeschauen besuchen, und und und – um nur einige Dinge zu nennen.»

Annas Kinder Florian und Jasmin sind schon erwachsen und wohnen nicht mehr bei ihr. «Als meine Jüngste vor drei Jahren zu Hause ausgezogen ist, habe ich mir einen Hund gekauft, den Igor. Der darf normalerweise überall mit hin, aber heute passt meine Freundin auf ihn auf.» Anna steckt voller Elan und Energie, sie erzählt mit vollem Körpereinsatz. «Diese Hektik, die vielen Aufgaben, der Zeitmangel, all das, was mich seit meiner Selbstständigkeit durch den Tag begleitet, war anfangs sehr wichtig für mich. Das hat mich das Alleinsein vergessen lassen. Aber jetzt spüre ich zunehmend eine Leere hinter der ganzen Arbeit.»

In den letzten Jahren hat Anna bemerkt, dass sie gerne wieder einen Mann an ihrer Seite hätte. «Ich bin wirklich sehr zufrieden mit meinem Leben, aber es gibt Dinge, die sind halt einfach zu zweit viel schöner. Ins Theater gehen, in einem guten Restaurant essen oder auch einfach nur spazieren gehen – mit einem Mann an meiner Seite hätte ich doppelt so viel Spaß daran. Ganz zu schweigen davon, dass ich mich nach Zärtlichkeit

und richtig schönem Sex sehne. Aber ich mache mir Sorgen, dass ich wegen meiner Alltagshektik die Männer, die sich für mich interessieren, übersehe. Gelegenheiten, glaube ich, gäbe es schon auf Messen und Modeschauen, im Theater oder auch in meinem Geschäft.»

Anna würde gerne mehr Ruhe in ihr Leben bringen, um Flirtgelegenheiten rechtzeitig wahrzunehmen. «Einfach einen Gang runterzuschalten würde mich sicher ein ganzes Stück weiterbringen in der Männerwelt. Ich glaube, mein Hauptproblem besteht darin, dass ich den Blick für die Avancen der Männer verloren habe.» Ihre eigene Rastlosigkeit und die vielen Aufgaben, die ihr durch den Kopf schwirren, erschweren es Anna, passende Flirtmomente zu identifizieren. «Natürlich habe ich auch Vorstellungen von dem Mann, der zu mir passen könnte. Aber zuerst muss ich, glaube ich, lernen, die Gelegenheiten zu erkennen und beim Schopf zu packen. Später kann ich ja dann die Männer nach ihrer Tauglichkeit sortieren», sagt sie lachend. Anna erwartet von dem Seminar einen besseren Umgang mit ihrer Rastlosigkeit, um so die passenden Momente zu erkennen: «Als Erstes will ich lernen, Flirtangebote von Männern zu bemerken. Als zweiten Schritt hätte ich gern gewusst, wie ich es mache, längeren Augenkontakt herzustellen. Und dann möchte ich mir mehr Zeit zum Flirten nehmen. Das könnte ich dann, glaube ich, auch genießen – einfach abschalten und entspannt sein.»

Der Grübler

«Frauen ansprechen hat mir eigentlich nie wahnsinnig Schwierigkeiten bereitet, aber der Umgang mit einem Korb, also mit einer Abweisung, da nage ich manchmal wochenlang dran.» Stefan, 38 Jahre alt, arbeitet als Augenoptiker in einem Brillengeschäft. «Krieg ich einen Korb, dann grüble ich, woran es gelegen haben könnte und was ich das nächste Mal besser oder zumindest anders machen könnte.» Er hat nicht prinzipiell Angst vor Frauen oder ist zu schüchtern, auch die Sorge, aufdringlich zu erscheinen, teilt Stefan nicht. «Es sind wirklich diese blöden Körbe, die ich dann tagelang mit mir rumschleppe und irgendwie zu verdauen versuche. Ich weiß echt nicht, warum ich so sensibel bin.»

Da Stefans Ablehnungserlebnisse auffallend zahlreich sind, fragen wir bei ihm genauer nach, wo er denn so häufig mit Frauen in Kontakt kommt. «Ja, wissen Sie, ich tanze leidenschaftlich gerne Tango. Vor fünf Jahren habe ich mit meiner damaligen Partnerin den Tango entdeckt, und nach der Trennung bin ich dabei geblieben. Vielleicht sollte ich Ihnen erst einmal erzählen, wie das so in der Tangoszene abläuft. Sie müssen sich das so vorstellen: Da sitzen die Damen auf einer Seite und warten darauf, von einem Mann aufgefordert zu werden. Hat der Mann sich eine Frau ausgeguckt, dann geht er zu ihr, um sie aufzufordern. Währenddessen sind so ziemlich alle Augen auf den Mann gerichtet. Bekommt er dann einen Korb, vor aller Augen, muss er selbstsicher und souverän damit umgehen können. Ja, und eben mit diesem ‹selbstsicher und souverän› habe ich so meine Mühe.» Stefan geht regelmäßig zu Tangoabenden. «Wenn ich dann an einem Abend einen Korb bekommen habe, fällt es mir wahnsinnig schwer, nochmals eine Frau aufzufordern, einfach weil ich echt Schiss habe, noch einen zu kassieren. Oftmals gehe ich dann deprimiert heim. Ja, und zu Hause, da ärgere ich mich dann, dass ich mich so hab runterziehen lassen, denn getanzt hab ich an so einem Abend meistens nicht so viel. Dann geh ich die Situation hundertmal durch und grüble, was ich das nächste Mal besser machen könnte.»

Mit einer neuen Partnerin würde Stefan seine Leidenschaft gerne teilen. «Das wäre natürlich ein Traum, diesen Tanz zusammen mit meiner Freundin zu tanzen, das wäre wirklich der Hammer. Aber wenn sie keine Tänzerin wäre, wäre das kein Hindernis für eine Beziehung. Ich bin vielseitig interessiert.»

Stefan nimmt an dem Seminar teil, um seinen Umgang mit Ablehnungen zu verbessern. «Wenn ich jetzt so hier sitze, denke ich nicht, dass es unbedingt viel mit mir zu tun haben muss, wenn eine Frau meine Tanzaufforderung ausschlägt. Na, okay, meine 1,90 sind manchmal etwas hinderlich beim Tangotanzen. So hat jeder Mensch seine kleineren und größeren Makel, keiner ist perfekt», lacht Stefan. «Aber in diesen Momenten, in denen ich einen Korb bekomme, zweifle ich schon sehr an mir. Wenn ihr mir zeigen könnt, wie ich mit diesen Misserfolgen selbstsicher und souverän umgehen kann, dann wäre mir schon sehr geholfen.»

Die Anspruchsvolle

«Vielleicht bin ich ja zu anspruchsvoll, aber da ich an mich hohe Ansprüche stelle, erwarte ich, dass auch mein Partner gewisse Punkte erfüllt.» Charlotte, 35 Jahre alt, arbeitet als plastische Chirurgin in einer Privatklinik, die sich auf Schönheitsoperationen spezialisiert hat. «Als Ärztin, die sich täglich mit der Schönheit beschäftigt, ist es für mich selbstverständlich, dass ich auf mein Äußeres achte. Ich mache jeden Morgen dreißig Minuten Yoga, gehe ins Pilates und ernähre mich bewusst und vegetarisch.» Dabei setzt sie sich aufrecht auf die vordere Stuhlkante und schlägt die Beine übereinander. «Ich wünsche mir einen sportlichen und attraktiven Mann, der auf seine Gesundheit und seine Ernährung achtet.»

Charlotte legt Wert darauf, dass ihr zukünftiger Partner kulturell interessiert ist. «Ich bin in einer Familie aufgewachsen, in der viel musiziert wurde. Ich selbst spiele Cello und Querflöte, und die klassische Musik liegt mir sehr am Herzen. Deswegen wünsche ich mir einen Partner, der die Oper genauso liebt wie ich.»

Die Wochenenden nutzt Charlotte gerne, um in fremde Städte zu fliegen und deren Museen anzuschauen. «Mich darüber mit meinem Partner geistig auszutauschen würde diese Zeit doppelt so schön machen», strahlt sie. «Ich will mit meinem Partner über alles auf gleicher Ebene reden können. Gemeinsame Interessen und Erlebnisse sind der Schlüssel einer harmonischen Beziehung.» Aus paritätischen Gründen wünscht sich Charlotte einen Akademiker, der gut situiert und finanziell unabhängig ist. «Obwohl ich eine selbstbewusste Frau bin, weiß ich es zu schätzen, wenn der Mann sich wie ein Gentleman verhält.»

Ihr Traummann soll wie sie Kinder lieben, da sie in den nächsten drei Jahren eine Familie gründen will. «Wie Sie sich sicher vorstellen können, ist es jedoch nicht so einfach, einen solchen Partner zu finden. Und wissen Sie, ich bin jetzt 35 Jahre alt, und ich hätte gerne Kinder. Ich spüre, wie man so schön sagt, meine innere Uhr ticken. Meine Freundinnen sagen mir immer: Charlotte, deine Ansprüche sind viel zu hoch, einen solchen Mann gibt es nicht. Und so langsam denke ich, vielleicht könnte ja etwas Wahres dran sein. Aber wie soll das gehen, meine Ansprüche herunterzuschrauben?» Charlotte schaut fragend in die Runde.

Lernt Charlotte einen interessanten Mann kennen, geht sie ihre Vorstellungen Punkt für Punkt durch, ob der Betreffende für eine Beziehung infrage käme. «Ich glaube, ich bin mit den Jahren noch kritischer geworden. Die letzten fünf Männer waren spätestens nach dem zweiten Treffen aus dem Rennen. Aber ich habe doch nicht mehr so viel Zeit, ich muss doch jetzt den Richtigen finden.» Charlotte klingt fast ein bisschen panisch. «Meine bisherigen Beziehungen sind genau daran gescheitert, dass meine Partner nicht alle meine Wünsche und Ansprüche erfüllen konnten. Weder bei mir noch bei anderen wollte ich mich mit halben Sachen zufriedengeben. Aber so langsam, glaube ich, muss ich Abstriche machen.»

Der Sexhungrige

«Ich hab irgendwie ein ganz anderes Problem als ihr alle. Frauen oder Mädels anquatschen geht bei mir ganz gut, und mit Körben hab ich auch kein großes Problem. Aber ich bleib bei den Frauen immer irgendwie auf halber Strecke stecken.» Julian, 26 Jahre alt, arbeitet als Webdesigner in einer Internetagentur. «Also, ehrlich gesagt, such ich keine feste Freundin, mir geht's um Sex, ich will einfach poppen. Hey, ich bin 26, älter werde ich von allein, und irgendwann will ich schon auch mal Kinder und so, aber jetzt will ich erstmal das Leben genießen. Ja, und mein Problem ist halt... Also, wenn ich mich so mit meinen Kumpels vergleiche, dann komme ich einfach viel weniger zum Zug als die, wenn ihr versteht, was ich meine», zwinkert Julian in die Runde. «Ich weiß aber nicht warum, vielleicht könnt ihr Psychos mir da ja weiterhelfen.»

An den Wochenenden ist er regelmäßig mit seinen drei besten Kumpels unterwegs. Tagsüber fahren sie Motocross und schrauben an ihren Maschinen rum. Abends gehen sie zusammen in Clubs und Bars und genießen ihr Singledasein. «Da kommst du echt schnell mit den Frauen in Kontakt, und wir haben da auch ein paar Tricks auf Lager, wie du zu einem Gespräch kommst und so. Wir haben zum Beispiel einen geilen Song, einer von uns sorgt dafür, dass der DJ den spielt, und wir haben so eine Art Choreo, also jetzt nicht so ballettmäßig, sieht, glaub ich, recht spontan aus, und danach quatschten uns regelmäßig ein paar Mädels an.

Na ja, musst ja irgendwie auffallen und aus der Masse rausstechen.» Julian schaut cool in die Gruppe. «Aber eben, bin ja nicht hier, um euch von meinen Tanzeinlagen und Tricks zu erzählen. Also, während meine Kumpels regelmäßig eine mit nach Hause nehmen, gehe ich immer irgendwie leer aus, und es läuft selten mehr als Quatschen. Meine Kumpels haben mir auch schon ein paar Mädels zugeschoben, aber irgendwie ... Ich weiß echt nicht, was ich falsch mache.»

Den Flirtkurs hat Julian von seiner älteren Schwester zum Geburtstag geschenkt bekommen. «Als meine Schwester mir den Kurs geschenkt hat, hab ich zuerst mal gedacht, hey, spinnt die eigentlich? Dann dachte ich, hab ja nichts zu verlieren, im Gegenteil, vielleicht krieg ich hier noch ein paar Tipps, worauf die Frauen stehen. Ich mache viel mit, aber so Umstyling und so, das läuft nicht, dass ihr das gleich wisst. Ich finde mich so wie ich bin stylish und brauche weder Anzug noch Krawatte oder Aktenkoffer. Nur dass ich das schon mal gesagt habe. Oder so auf Latinolover, nö, echt nicht, dann bin ich weg!» Auf die Frage, was er von dem Kurs erwartet, antwortet Julian: «Ich würde echt gerne von euch lernen, wie ich es schaffen kann, dass die Mädels sich mehr für mich interessieren, dass die den Abend über bei mir bleiben und nicht nach ein bisschen Quatschen abhauen. Und dass die dann mit mir nach Hause kommen. Oder ich geh zu der, ist mir egal. Lange Rede, kurzer Sinn: Ich will wissen, wie ich's schaffe, mit einer Frau nicht nur zu quatschen, sondern dann auch mit ihr zu poppen.»

Vielleicht haben Sie sich in einer dieser beschriebenen Personen entdecken können, ganz oder teilweise, oder auch festgestellt, dass Sie eine Mischung aus mehreren Anteilen und zusätzlichen eigenen sind, die hier nicht aufgeführt werden. Diese Typen sollen Ihnen nur als Orientierung dienen, als anschauliche Beispiele einer möglichen Entwicklung hin zu neuem, erfolgreichem Flirtverhalten. Parallel können Sie Ihre eigene Entwicklung hin zu einer ganz individuellen und neuen Flirttechnik, vom Bedürfnis bis zur Handlungsplanung, verfolgen und überprüfen. Ganz ähnlich wie in unseren Seminaren werden wir uns auch in diesem Buch am so genannten Rubikonprozess orientieren, der nach einem Exkurs ins menschliche Gehirn im folgenden Kapitel beschrieben wird.

Kapitel zwei

Wieso flirte ich nicht, wie ich will

Jeder Mensch hat in seinem Gehirn zwei Bewertungssysteme, die sein Verhalten steuern. In diesem Kapitel wollen wir Sie in die Unterschiede dieser zwei Systeme – des Unbewussten und des Verstands – einführen. Damit Menschen das machen können, was sie sich vornehmen, ist es notwendig, dass beide Systeme mit dem Vorhaben einverstanden sind. Wenn Sie Ihr Flirtverhalten verändern wollen, ist es in einem ersten Schritt sehr wichtig, diese beiden Systeme nach ihrer Meinung zu fragen. Denn falls das Unbewusste oder der Verstand Einwände gegen Ihr Vorhaben vorbringen, werden Sie es nicht oder nur für kurze Zeit umsetzen können.

In jeder Sekunde des Lebens bewertet das Gehirn Ihr momentanes Befinden. Dabei ist es egal, ob Sie einfach nur dasitzen und Musik hören, im Hochseilgarten klettern oder in Ihrem Beruf tätig sind. Ihr Unbewusstes vergleicht das gerade Erlebte mit bereits Bekanntem und bewertet es unter den Aspekten «gut für mich» oder «schlecht für mich». Sie lesen gerade dieses Buch. Währenddessen zeichnet das Unbewusste unaufhörlich die verschiedensten Dinge auf: Die Sitzposition, die Atmung, das Wohlbefinden. Nun kann es sein, dass es bemerkt, dass Ihr Blutzuckerspiegel zu stark abgesunken ist, und Ihnen daraufhin ein Hungergefühl schickt. Dieses Signal können Sie dann mit Hilfe des Verstands überdenken und dementsprechende weitere Handlungsschritte überlegen. Es steht Ihnen frei, dieses Hungergefühl noch eine Weile auszuhalten oder unmittelbar aufzustehen und sich etwas zu essen zu machen.

Die beiden Systeme unterscheiden sich stark in ihrer Arbeitsweise, und die Funktionsweise ihrer Gedächtnisarten ist verschieden, sie beruht auch hirnanatomisch auf verschiedenen Strukturen (LeDoux, 2003). Um mit beiden optimal umzugehen, zeigen wir im Anschluss die jeweiligen Stärken und Schwächen dieser Systeme auf. Danach wird Ihnen klar sein, warum Ihnen manch gutes Vorhaben nicht gelingt oder warum Sie sich im entscheidenden Moment doch anders verhalten als geplant. Die unten aufgeführte Abbildung verschafft Ihnen einen ersten kurzen Überblick über die beiden Systeme. Immer wenn Sie in die Situation geraten, eine Entscheidung zu treffen, eine Person kennenzulernen oder eine Alltagssituation zu bewältigen, erhalten Sie sowohl vom Verstand als auch von Ihrem Unbewussten eine Bewertung und damit einhergehend einen Handlungsvorschlag.

	Verstand	Unbewusstes
Arbeitstempo	langsam	schnell
Kommunikationsmittel	Sprache	Gefühl
Bewertung	richtig / falsch	mag ich / mag ich nicht

Der Verstand arbeitet vergleichsweise langsam. Er braucht im günstigsten Fall 900 Millisekunden, bis er aktiv wird. So lange dauert es, bis sich der Verstand eine Meinung zu einer Situation gebildet und sie bewertet hat. Wenn Sie jedoch etwas mit dem Verstand erfasst haben, sind Sie in der Lage, sich mittels Sprache klar und deutlich zu einem Erlebnis zu äußern und dieses auch zu benennen. Die Bewertung des Verstands erfolgt sachlich, nach richtig oder falsch. Der Verstand ermöglicht eine Einschätzung wie: «Vielleicht, mal sehen, muss ich nochmals darüber nachdenken.» Das ist zwar für die Feineinstellung bei der Entscheidungsfindung wichtig, kostet aber wertvolle Zeit.

Das Unbewusste arbeitet hingegen extrem schnell. Etwas passiert, und innerhalb von 200 Millisekunden ist eine Bewertung aus dem Unbewussten da. Diese Reaktionszeit wurde in verschiedenen Studien nachgewiesen (FERGUSON & PORTER, 2009; KISSLER et al., 2006). Im Moment ihres Entstehens können Sie diese Bewertung allerdings noch nicht in Sprache fassen. Das Unbewusste schickt Ihnen seine Bewertung mittels Gefühle. Es bewertet die Situation subjektiv, nach den Kriterien «mag ich»/«mag ich nicht», geh ich drauf los oder muss ich schleunigst verschwinden. Es ist von alters her darauf ausgelegt, uns sicher und gut durch das Leben zu bringen. Um zu überleben, ist Schnelligkeit gefragt, die Feinanalyse der Situation kann dann später in der warmen Höhle stattfinden. Für das Unbewusste zählt lediglich, ob das Erlebte zuträglich oder abträglich für uns ist. Dementsprechend gibt es seine Anweisungen an unseren Körper, der darauf mit Herzklopfen, Durchblutung der Muskeln oder Entspannung reagiert.

Vielleicht kennen Sie die folgende Situation. Sie steigen in eine Straßenbahn ein und suchen sich einen Platz. Während Sie so da sitzen, fällt Ihnen eine Person auf. Zuerst meldet sich Ihr Unbewusstes mit einem kribbelnden Gefühl im Bauch. Sie verspüren den Drang, zu dieser Person hinzugehen. Dann meldet sich jedoch Ihr Verstand und sagt: «Halt! Was hast du vor? Du kannst doch nicht einfach da hingehen und so mir nichts, dir nichts drauflosquatschen! Vielleicht ist diese Person ja in einer Beziehung? Du hast immer noch den Fleck von der Spaghettisoße von heute Mittag an deinem Oberteil, das geht doch gar nicht! Und außerdem, was macht das denn für einen Eindruck, wenn du in der Straßenbahn fremde Leute ansprichst!» Während sich Ihr Unbewusstes und Ihr Verstand streiten, sind Sie handlungsunfähig. Mittlerweile ist die Person an ihrem Reiseziel angekommen und ausgestiegen. Sie sitzen da und ärgern sich über die verpasste Gelegenheit. Mit etwas Glück wird Sie der Verstand entlasten und einige Argumente hervorzaubern, die gegen diese Person gesprochen hätten: zu alt, zu jung, falsche Haarfarbe und wahrscheinlich ist sie sowieso in festen Händen. Im ungünstigen Fall werden Sie sich noch Stunden über die verpasste Gelegenheit grämen.

Im nächsten Abschnitt werden wir auf die Gründe hierfür und das Funktionieren dieser beiden Systeme noch genauer eingehen. Doch dies schon mal vorweg: Beide Systeme sind wichtig und haben ihre Berechtigung. Es geht nicht darum, dass der Verstand die Macht über das Unbewusste erlangt – oder umgekehrt. Wichtig ist, dass Sie lernen, die Signale der beiden Systeme wahrzunehmen und zu deuten. Nur dadurch sind Sie in der Lage, diese zu synchronisieren, also dafür zu sorgen, dass der Verstand und das Unbewusste an einem Strang ziehen, um gemeinsam Ihr Ziel zu erreichen. Dadurch steigt die Chance, erfolgreich zu handeln erheblich, denn nur so entspricht das Verhalten Ihrer Natur und Ihrer Art, mit Situationen umzugehen. Dann sind und wirken Sie authentisch und echt.

Das Unbewusste

Auch wenn Ihnen auf den ersten Blick nicht klar sein sollte, warum wir hier ein eigenes Kapitel über das Unbewusste und seine Bedürfnisse einfügen, da Sie sich doch Ihres Wunsches, flirten zu wollen, durchaus bewusst sind, bitten wir Sie, diesem Kapitel dennoch ihre Aufmerksamkeit zu schenken. Das Unbewusste hat einen sehr großen Einfluss auf unser Verhalten und ist in der Lage, unsere Vorhaben zu unterstützen, aber auch zu blockieren. Erst mit dem Wissen darüber, was Ihr Unbewusstes zu einem bestimmten Vorhaben in Ihrem Leben zu sagen hat, können Sie eine erfolgreiche Strategie entwickeln.

Der Ausdruck «das Unbewusste» löst bei den Menschen die unterschiedlichsten Assoziationen aus: geheimnisvoll, Sigmund Freud, unbeherrschbar, esoterisches Zeugs, unbekannte Kraft, der innere Schweinehund und vieles mehr. In der Geschichte der Psychologie hatte das Unbewusste lange einen schweren Stand, und oftmals geriet man schnell in die Esoterik-Ecke, wenn man sich auch nur getraute, das Wörtchen auszusprechen. Gott sei Dank sind diese Zeiten vorbei! Die Arbeit mit dem eigenen Unbewussten ist mittlerweile salonfähig geworden, auch wenn wir damit gerade erst am Anfang stehen. Ein bedeutender Beitrag zu dieser veränderten Wahrnehmung und Neupositionierung kommt von den Neurowissenschaften. Schauen Sie «Greys Anatomie», «Emergency Room» oder «Dr. House»? Da werden oftmals Menschen in solche Röhren (etwas kryptisch MRI, CT oder MRT genannt) gesteckt, in denen mittels bildgebender Verfahren abgebildet wird, was im Inneren des Körpers und im Gehirn passiert. Vielleicht haben Sie ja auch schon selbst einmal in einer solchen Röhre gelegen. In den letzten Jahrzehnten konnte mittels dieser Computertomografien sichtbar gemacht werden, dass im menschlichen Gehirn enorm viele Aktivitäten ablaufen, ohne dass diese ihrem Besitzer bewusst sind. Durch dieses medizinische Wissen ist es für uns heute möglich, das Unbewusste in unsere persönliche Entwicklungsarbeit mit einzubeziehen und seinen großen Wissensspeicher zu nutzen.

Im Unbewussten werden bereits im Mutterleib Erfahrungen, Erlebnisse und Eindrücke gesammelt und als Bilder, Gerüche, Geräusche und Gefühle gespeichert. Das Unbewusste wird somit zu unserem ganz persönlichen, individuellen Wissensspeicher und hat deshalb maßgeblich Einfluss auf unser Verhalten. Der Hirnforscher Gerhard Roth geht davon aus, dass diese Entwicklung ab der fünften Embryonalwoche beginnt (Roth, 2009). Das Unbewusste hat eine parallele Informationsverarbeitung. Parallele Verarbeitung bedeutet, dass es in der Lage ist, innerhalb von Sekundenbruchteilen Informationen zu einem bestimmten Thema aus allen Teilspeichern unseres Gehirns abzurufen. Diese Fähigkeit macht das Unbewusste zu dem Hauptinformant für unsere Verhaltensoptionen.

Unser Verhalten ist ja nicht zu jeder Zeit dasselbe, sondern situativ angepasst. Es ist abhängig von vielen Einflüssen: beispielsweise von unserer Stimmung, von Ort und Zeit und den anwesenden Personen. Wir müssen also ständig viele Faktoren erkennen und abwägen, zuordnen und berechnen, um dann mit einem möglichst angemessenen Verhalten zu reagieren – und das innerhalb weniger Augenblicke. Das alles erledigt unser Unbewusstes nahezu unmerklich für uns.

Das Unbewusste teilt sich seinem Besitzer weder über Sprache noch über bewusste, klare Gedanken mit. Es schickt uns seinen Verhaltensvorschlag über ein Gefühl oder eine Körperempfindung, die für uns beispielsweise als mulmiges Gefühl im Bauch, Freude im Herzen oder Leuchten im Kopf wahrgenommen und beschrieben werden können. Mit diesen Signalen kommentiert unser Unbewusstes die Situation, unsere Rolle dabei und den möglichen Ausgang der Situation. Diesen Kommentar generiert es aus sämtlichen Erfahrungen, die wir bereits in unserem Leben zu dem betreffenden Thema gesammelt haben. Das Unbewusste kann daher auch als emotionales Erfahrungsgedächtnis bezeichnet werden. In ihm ruht ein schier unerschöpflicher Speicher an Wissen davon, was gut für uns oder schlecht für uns ist, und der lediglich die eine Aufgabe hat:

uns möglichst sicher und wohlbehalten auf bewährten Pfaden durchs Leben zu führen.

Deshalb ist es auch so schwierig, neue Verhaltensweisen – sei es mit dem Rauchen aufzuhören, mehr Sport zu treiben, weniger cholerisch zu sein, öfter mal Nein zu sagen oder erfolgreich zu flirten – zu erlernen. Solange wir optimale Umgebungsbedingungen vorfinden, satt, ausgeruht, zufrieden und sorgenfrei sind, klappt es meist wunderbar. Dann kann unser bewusster Verstand das Ruder übernehmen und ein von uns geplantes Verhalten steuern. Sobald aber eine oder mehrere Bedingungen nicht gegeben sind, wir müde, gereizt, hungrig oder gestresst sind, delegiert unser Hirn die Führung an das evolutionär sehr viel ältere und erfahrenere Unbewusste. Das reagiert dann wie immer schnell und zuverlässig, ob uns das in diesem Moment passt oder nicht. Ehe wir wieder klar denken können, haben wir uns bereits eine Zigarette angezündet, den Donut verdrückt, den Kollegen zusammengestaucht oder die Chance, unsere Traumfrau anzusprechen, verpasst.

Erst wenn wir dem Unbewussten eine auch aus seiner Sicht vernünftige und realisierbare Alternative zu einem Thema anbieten, werden wir künftig in der Lage sein, eine neue, erwünschte Verhaltensweise, die auch bei stürmischem Wetter und rauer See funktioniert, erfolgreich und dauerhaft zu installieren.

Der Verstand

Unser bewusster Verstand bedarf eigentlich keiner großen Erklärung. Wir benutzen ihn ständig und sind mit seinen Stärken und Schwächen bestens vertraut. Diese können wir bei uns und bei anderen sehr gut beobachten. Bei brillanten Wissenschaftlern, die mittels komplizierter Berechnungen die Quantentheorie beweisen. Bei uns, wenn wir konzentriert an der Steuererklärung sitzen und nach jeder noch so kleinen Störung aus dem Takt geraten und von vorn beginnen müssen. Im Gegensatz zum Unbewussten, das seine Aufgaben unabhängig von unserer Tagesform oder den äußeren Umständen und Umgebungsbedingungen zuverlässig erfüllt, gleicht der Verstand einem störanfälligen, hochkomplizierten Gerät, das eine gute Wartung braucht und auf optimale Bedingungen angewiesen ist.

Wenn diese vorliegen, dann kann der Verstand fast Wunder vollbringen, blitzgescheite Ideen haben, aufs Millionstel genau rechnen und scharf analysieren. Der Verstand verarbeitet Informationen aus der Umgebung seriell. Diese serielle Arbeitsweise ermöglicht es, unsere gesamte Aufmerksamkeit und Konzentration auf eine Sache zu richten. Im Gegensatz zum Unbewussten kann der Verstand allerdings immer nur eins nach dem anderen, wie in der folgenden Abbildung dargelegt ist.

Verstand	**Unbewusstes**
serielle Verarbeitung	parallele Verarbeitung

Der Gehirnforscher Gerhard ROTH verortet den Verstand auf der kortikalen Ebene und das Unbewusste auf der subkortikalen Ebene des menschlichen Gehirns. Auf der kortikalen Ebene finden bewusste und bewusstseinsfähige Lern- und Bewertungsvorgänge statt, die dem entsprechen, was wir in der Alltagssprache mit dem Begriff «Vernunft» bezeichnen. Hier finden sich bewusste und detaillierte Wahrnehmungen sowie autobiografische Gedächtnisinhalte, die «durch Erziehung stark beeinflusst werden und in der Regel in gesellschaftliche Normen und Moralvorstellungen einmünden» (ROTH, 2001, S. 320). Die Vorgänge auf der subkortikalen Ebene verlaufen unbewusst. Hier befinden sich einerseits primäre Gefühlslagen wie Wut, Furcht, Lust, reaktive Aggression zur Verteidigung oder der Fluchtinstinkt. Andererseits sind hier noch die sekundären Gefühle, die Roth das «emotionale Erfahrungsgedächtnis» nennt – also das Unbewusste. Dieses beginnt seine Arbeit «bereits im Mutterleib, also weit vor dem Einsatz des bewussten Denkens» (ROTH, 2001. S. 320). Es bewertet alles, was das Lebewesen tut, nach den positiven und negativen Konsequenzen für das eigene Wohlbefinden und speichert diese Bewertung ab. Auf diese Ebene hat der Verstand nur beschränkte Einflussmöglichkeiten.

Bei der Beschreibung des Zusammenspiels dieser beiden Systeme kann man generell davon ausgehen, dass die Wirkungen vom Unbewussten auf den Verstand stärker sind als in umgekehrter Richtung. «Es gibt sehr viel mehr Verbindungen von dem kleinen, für Emotionen zuständigen limbischen Zentrum zu den großen, für logisches und rationales Denken zuständigen Zentren der Hirnrinde als umgekehrt» (ROTH, 2001, S. 373). Daher ist es nicht erstaunlich, dass das Unbewusste sehr viel mehr Kraft und Verantwortung über das menschliche Handeln und Sein besitzt als der Verstand. Wenn Ihnen die oben genannten Beispiele vertraut vorkommen, dann wissen Sie nun, dass es nicht daran liegt, dass Sie ein willensschwaches Bündel von Widersprüchen sind, sondern dass Ihr Verhalten neurologisch betrachtet vollkommen normal ist.

Somatische Marker

In diesem Abschnitt liegt der Schwerpunkt auf der Bewertungsart des Unbewussten, den somatischen Markern. Sie erhalten zudem vertiefende Einsichten in das menschliche Verhalten und in den Prozess, wie Entscheidungen zustande kommen.

In unserem täglichen Leben reiht sich eine Entscheidung an die nächste. Mal geht es um einfache Dinge wie: Trinke ich einen Orangensaft oder einen Kaffee? Ziehe ich die braunen oder die schwarzen Schuhe an? Trage ich meine Haare offen oder mache ich einen Zopf? Schaue ich den Krimi oder die Liebeskomödie? Dann gibt es natürlich auch Entscheidungen, die weiterreichendere Folgen haben als die bloße Wahl des Fernsehprogramms: Kündige ich meinen Job und mache mich selbstständig? Wie lautet meine Antwort auf den Heiratsantrag? Suche ich mir eine Wohnung in der Stadt oder auf dem Land? Entscheide ich mich für Karriere oder Kinder? Egal, ob es sich um eine «einfache», kurze Entscheidung handelt oder ob mit der Entscheidung das Leben seine Richtung ändert, im menschlichen Organismus spielen sich dabei immer die gleichen Mechanismen ab.

Wie kommen Entscheidungen zustande? Schon seit Jahrhunderten sind Wissenschaftler diesem Rätsel auf der Spur. Wir zeigen Ihnen hier den neusten und wahrscheinlich noch nicht letzten Stand der Wissenschaft auf. Einen maßgeblichen Einfluss auf unsere Entscheidungen hat unser emotionales Erfahrungsgedächtnis. Um entscheiden zu können, muss eine Situation zunächst einmal bewertet werden. Einerseits von Ihrem Verstand und andererseits von Ihrem Unbewussten. Bewertungen setzen Erfahrungen voraus, die Sie zuvor bezüglich dieser oder einer ähnlichen Situation gemacht haben. Wenn Sie zu einer Situation noch keine Erfahrungen gesammelt haben, können Sie nur raten oder gleich eine Münze werfen. In dem Moment, in denen Ihnen irgendetwas widerfährt, selbst wenn Sie sich später nicht mehr bewusst daran erinnern können, hinterlässt dieses Erlebte eine Spur in ihrem Gehirn. Vor der Abspeicherung der Erfahrung in Ihrem Gedächtnis wird es mit einer Bewertung versehen. Die Art, wie diese Bewertung und Abspeicherung erfolgt, ist recht einfach, da Sie täglich tausende solcher Bewertungen vornehmen. Diese Fülle von täglichen Datensicherungen muss sehr schnell und effizient vor sich gehen und findet in unserem Unbewussten statt. Das Erlebte wird lediglich im Hinblick darauf bewertet, ob es unserem Wohlbefinden zuträglich oder abträglich ist. Dieses Bewertungssystem haben wir Menschen mit jedem anderen lebenden Organismus gemein. So kann unser Gehirn immer den bisher zuverlässigen und bewährten Weg finden und einschlagen.

Um Ihnen die Sammelwut unseres Gehirns vor Augen zu führen, hier ein kleines Beispiel aus einer Teamsitzung. Bewertet werden dabei nicht nur die technischen Details wie Raumlicht, Stuhlordnung und die Gestaltung des Vortrags, sondern alles, was um uns und in uns geschieht: die Raumtemperatur, der Geruch unseres Nachbarn, unser Blutzuckerspiegel, die Füllmenge unserer Blase, die Art der Präsentation, die Grundstimmung unter den Sitzungsteilnehmenden und die eigene Körperspannung. Viele Dinge also, über die Sie bewusst keine Auskunft geben könnten, wenn Sie danach gefragt würden. Dinge, die unserem Gehirn aber wichtig genug sind, sie abzuspeichern. Aus all diesen gesammelten Daten entwirft unser Gehirn dann einen Eindruck von der Lage. Denken Sie eine Woche später an diese Teamsitzung zurück oder planen die nächste, so schickt Ihnen Ihr Unbewusstes unmittelbar ein Gefühl aufgrund Ihrer letzten Erfahrung. Vielleicht spüren Sie freudige Erregtheit, ein Gefühl von Langeweile oder Anspannung oder nehmen bei sich selbst einfach nur ein einfaches Schulterzucken wahr.

Wie kann man sich die Arbeitsweise dieses unbewussten Systems und dessen Beteiligung an Entscheidungen konkret vorstellen? Wenn etwas entschieden werden soll, erzeugt das Gehirn Vorstellungsbilder von möglichen Szenarien, die, je nachdem wie wir entscheiden, auf uns zukommen können. Diese Vorstellungsbilder laufen wie innere Filme ab. All diese Bilder entstehen, ohne dass uns selbst davon etwas ins Bewusstsein gelangen muss. Die Filme von möglichen Szenarien entstehen also in unserem Unbewussten – manche sind oder werden uns bewusst und manche nicht. Diese Filme entfalten sich extrem schnell und fast gleichzeitig. Sie entstehen subliminal, also unterhalb der Bewusstseinsschwelle. Während sie ablaufen, sucht das Unbewusste bereits nach ähnlichen, bereits erlebten Situationen. Ist eine vergleichbare Situation gefunden, löst dies automatisch die Abfrage der damit abgespeicherten Bewertung aus. Allerdings steht uns diese nicht bewusst zur Verfügung, sodass wir nicht gleich darüber nachdenken können. Die Bewertung erfolgt biologisch. Das Unbewusste schickt uns Körpersignale. Da jeder Mensch in seinem Leben unterschiedliche Erfahrungen macht, sind auch die Bewertungen und die Körpersignale sehr individuell.

Diese Körpersignale hat der Neurowissenschaftler Antonio DAMASIO (1994) «somatische Marker» genannt. «Soma» kommt aus dem Griechischen und heißt «Körper». Weil die Körpersignale ein bestimmtes Szenario als gut oder schlecht «markieren», bezeichnet sie DAMASIO als «Marker». Wenn nun ein vergleichbares Szenario gefunden wird, das mit einem negativen Ergebnis gekoppelt ist, entsteht eine unangenehme Empfindung. Diese kann sich durch zittrige Knie, Schweißhände oder ein Grummeln im Bauch äußern. Wie bereits gesagt, werden die somatischen Marker von jedem Menschen anders wahrgenommen. Sie wissen wahrscheinlich am besten, wie sich bei Ihnen ein negativer somatischer Marker anfühlt. Aufgrund der Erfahrung mit bereits gemachten ähnlichen Situationen lautet der Vorschlag aus dem Unbewussten demnach: Vermeidung. Das letzte Mal ist die Geschichte nicht gut ausgegangen, also schleunigst weg hier. Psychologisch gesprochen löst der somatische Marker ein Aversionsverhalten aus.

Wird hingegen in Ihrem Pool an abgespeicherten Erfahrungen ein vergleichbares Szenario gefunden, das mit einem positiven Ergebnis gekoppelt ist, entsteht eine angenehme Empfindung. Beispielsweise ein

Gefühl wohliger Wärme im Bauch, ein leichtes Herzklopfen oder ein angenehmes Kribbeln auf der Haut. Der Vorschlag aus dem Unbewussten zu der vorliegenden Situation lautet, sich der Sache anzunähern. Appetenzverhalten wird ausgelöst. Das letzte Mal war's klasse, also gerne wieder! Die somatischen Marker machen uns also einen Vorschlag, ob etwas aufgrund unserer Erfahrungen für unser Wohlbefinden förderlich ist oder ob wir besser die Finger davon lassen sollen.

Im Gegensatz zu den meisten anderen Lebewesen besitzen wir ein zweites System in unserem Gehirn – den Verstand. Durch ihn sind wir in der Lage, uns bewusst gegen unsere somatischen Marker zu entscheiden, was für uns manchmal durchaus von Vorteil sein kann. Der Verstand hat nämlich die Fähigkeit, Dinge vorauszuberechnen, in die Zukunft zu schauen und Konsequenzen unseres Verhaltens vorauszusehen. Bei dem Gedanken an den nächsten Zahnarztbesuch dürften wohl die wenigsten Menschen einen positiven somatischen Marker verspüren. Die in diesem Zusammenhang gemachten Erfahrungen waren wahrscheinlich eher unangenehm, vielleicht sogar schmerzhaft. Trotzdem gelingt es den meisten von uns, die notwendigen regelmäßigen Besuche einzuhalten. Dies haben Sie Ihrem Verstand zu verdanken.

Wie gesagt verfügen die meisten anderen Lebewesen nicht über diese Verstandesfähigkeit. Ich, Julia Weber, könnte stundenlang auf meinen Hund einreden und ihm die Vorteile der Tollwutimpfung aufzählen. Dies würde trotzdem nichts an seinem Verhalten ändern, und er würde sich niemals freiwillig beim Tierarzt die entsprechenden Spritzen geben lassen. Mein Verstand nimmt ihn dann an die Leine, und zusammen gehen wir zum Tierarzt – er mit einem sichtbaren negativen somatischen Marker. Zum Essen oder Spielen jedoch muss ich ihn nicht zwingen, das macht er ganz von selbst. Mit etwas Übung können Sie den Menschen auch ansehen, ob sie sich mittels Verstand zu etwas zwingen. Schauen Sie sich doch einfach mal bei Ihrem nächsten Zahnarztbesuch die Menschen im Wartezimmer genauer an. Mit großer Wahrscheinlichkeit werden Sie keine strahlenden Gesichter und freudig glänzenden Augen erblicken.

Mit dem Wissen über diese Funktionsweise unseres Organismus ergeben sich zwei wichtige Grundsätze, um mit diesen beiden Systemen zuverlässig arbeiten zu können. Wir müssen erstens diese Signale wahrnehmen und sie zweitens im Kontext richtig deuten, um damit bewusst arbeiten zu können. Manche Menschen haben einen sehr guten Zugang zu ihren somatischen Markern, sprechen dann von einem warmen Gefühl im Bauch, Schmetterlingen in der Brust, Kribbeln im Mundwinkel oder im negativen Fall vom Kloß im Hals, zittrigen Knien oder aufgestellten Nackenhaaren. Diese Empfindungen können je nach Situation und Intensität in unterschiedlichen Reaktionen und an unterschiedlichen Orten spürbar sein. Hinzu kommt, dass diese körperlichen und emotionalen Gefühle von jedem individuell sehr unterschiedlich wahrgenommen werden.

Um sich einen groben Überblick über die eigenen somatischen Marker zu verschaffen, reicht es oftmals aus, die neuen E-Mails nach Absender und Betreff zu betrachten, die Telefonnummernliste im Handy von A bis Z durchzuscrollen oder die Speisekarte eines chinesischen Restaurants zu überfliegen. Unser Erfahrungsgedächtnis gibt blitzschnell zu jeder Mail, jedem Namen und jedem Gericht seinen Minikommentar in Form eines somatischen Markers ab. Wenn Sie für sich das Gefühl haben, Ihre somatischen Marker nicht oder nur sehr schwach zu spüren, empfehlen wir gerne Atemübungen, Tai Chi oder Qigong, bei denen Sie sich mit Ihrem Körper in aller Stille auseinandersetzen können. Sie werden schon nach kurzer Zeit spürbare Erfolge erzielen.

Schauen wir uns den ganzen Ablauf einmal an einem konkreten Beispiel an. Monika sitzt mit ihrer besten Freundin Kathrin in einer Bar und sieht einen süßen Typen. Sie überlegt, wie sie sich entscheiden soll: Spreche ich ihn an oder lasse ich es bleiben? Sofort entstehen Bilder von möglichen Szenarien, was passieren könnte, wenn sie ihn anspräche:

- Er lächelt sie an, freut sich und lädt sie zu einem Drink ein; es entwickelt sich eine heiße Romanze.
- Er entschuldigt sich bei ihr und sagt, er sei schon vergeben und warte hier gerade auf seine Freundin.
- Sie ist nicht sein Typ, und er gibt es ihr unmissverständlich zu verstehen, indem er sich von ihr abwendet und mit der Brünetten am Nebentisch ein Gespräch beginnt.
- Er hat eine quäkende helle Stimme und grunzt beim Lachen, was so gar nicht Monikas Vorstellung von einem Mann entspricht.

Und dann sind da natürlich noch die möglichen Szenarien, was passieren könnte, wenn sie ihn nicht anspräche:

- Monika wird nie einen Mann finden und wird allein und einsam alt werden.
- Eine halbe Stunde später betritt ihr absoluter Traummann die Bar, den sie beim Flirten mit dem süßen Typen wahrscheinlich nicht mal bemerkt hätte.
- Der süße Typ spricht sie an und gesteht ihr, sie schon eine Weile beobachtet zu haben. Er lädt sie zu einem Drink ein.
- Monika geht wieder einmal allein nach Hause und muss die ganze Zeit daran denken, wie schön es jetzt wäre, den attraktiven Mann aus der Bar bei sich zu haben.

In ihrem bisherigen Leben hat Monika so ähnliche Situationen auch schon mal erlebt. Bisher war es immer so gewesen, dass sie nie einen Mann direkt angesprochen hat. Meist kamen die Männer auf sie zu. Außerdem hat Monika «ein solches Verhalten» nur von Frauen gesehen, die sie in eine bestimmte Schublade steckt. Und «eine solche Frau» will sie nicht sein. Wie hat ihre Mutter schon immer gesagt: «Willst du sein ganz wunderbar, dann gib dich Männern unnahbar.» Und diesen Rat hat Monika in ihrem Leben immer befolgt. Na gut, dadurch hat sie den einen oder anderen interessanten Mann in ihrem Leben verpasst. Aber da Monika an das Schicksal glaubt, ist sie der festen Überzeugung, dass ihr Traummann sie finden wird – die übrigen sind eh nur verkleidete Frösche.

Aufgrund ihrer bisherigen Erlebnisse entscheidet sich Monika dafür, den süßen Typen an der Bar nicht anzusprechen.

Der Zugang zu den eigenen somatischen Markern versetzt Sie in die Lage, Ihr psychobiologisches Wohlbefinden im Auge zu behalten. Aber nicht immer sind die Signale eindeutig angenehm oder unangenehm.

Automatismen

Das Unbewusste ist in der Lage, Automatismen zu bilden. Dies ist eine sehr nützliche Einrichtung, wenn es darum geht, möglichst zuverlässig und energiesparend durch den Tag zu kommen. Denken Sie bitte einen Moment an Ihre erste Fahrstunde zurück. Nun erinnern Sie sich an Ihre zuletzt unternommene Autofahrt. Der Unterschied zwischen beiden Fahrten liegt in der Anstrengung, die Sie aufwenden mussten, und Ihrem Energieverbrauch. Bei Ihrer ersten Fahrstunde war Ihnen jeder kleinste Schritt, jede Handlung neu. Sie mussten sich bewusst auf die verschiedenen Vorgänge wie Kupplung drücken, schalten, lenken, in den Spiegel blicken und den Straßenverkehr im Auge behalten konzentrieren. Nach einiger Übung hat Ihr Unbewusstes viele dieser Vorgänge automatisiert, Sie müssen nicht mehr Ihre volle Aufmerksamkeit auf jeden kleinsten Vorgang richten. Sie können nebenbei Musik hören, sich unterhalten oder auch mit einem anderen Autofahrer flirten. All diese Dinge hätten Sie in Ihrer ersten Fahrstunde unmöglich bewerkstelligen können.

Ich, Johannes Storch, habe dies selbst sehr eindrücklich bei meinem Sohn beobachten können. Wie die meisten heranwachsenden männlichen Jugendlichen verströmte er eine Aura von Unbesiegbarkeit, und beim Gedanken an den eigenen Führerschein plante er bereits Wettrennen mit Michael Schumacher. Umso beeindruckender war für mich zu sehen, wie er nach der ersten und auch den zehn darauffolgenden Fahrstunden wortlos in seinem Zimmer verschwand und in einen dreistündigen Tiefschlaf fiel. Heute, nach zwei Jahren Fahrpraxis, fährt er mühelos längere Strecken und ist danach noch in der Lage, die Nacht durchzufeiern. Die ersten Fahrübungen waren für sein Gehirn Neuland und somit nur mit reiner Verstandesleistung zu bewältigen, von Routine keine Spur.

Diese Form der Alltagsbewältigung ist sehr kostenintensiv für unseren Organismus. Sie kennen das wahrscheinlich von sich, wenn Sie sich über längere Zeit konzentrieren müssen, ohne angemessene Erholungsphasen einschieben zu können. Sie werden unkonzentriert, müde, später auch gereizt, spüren genau, wie sich Ihre Energie verbraucht. Um mit diesem energiefressenden Zustand möglichst selten zu arbeiten, automatisiert unser Gehirn Abläufe, die sich wiederholen. Wenn das nach einigen Wiederholungen erfolgreich geschehen ist, sind Sie in der Lage, während der

Autofahrt Musik zu hören, sich zu unterhalten oder auch zu telefonieren, ohne dabei zu ermüden.

Nach Gerhard ROTH haben Automatismen «auch den großen Vorteil, dass sie schnell ablaufen und wenig fehleranfällig sind. Ihr Nachteil liegt allerdings darin, dass sie immer nur für bestimmte Aufgaben zugeschnitten sind.» Verstandesvorgänge sind nach Gerhard Roth «dagegen immer langsam und fehleranfällig, aber sie können sehr flexibel mit neuen Geschehnissen und Informationen umgehen» (ROTH, 2009, S. 83).

Bei all den aufgeführten Vorteilen der Automatismen stehen diese uns aber leider auch manchmal im Weg. Dies ist immer dann der Fall, wenn Sie versuchen, einen alten, ungeliebten, nicht mehr zeitgemäßen oder vielleicht sogar hinderlichen Automatismus loszuwerden. Je nachdem, wie lange Sie schon mit ihm leben, wie oft Sie ihn schon erfolgreich eingesetzt haben, wie tief er in Ihrem Verhaltensmuster verwurzelt ist, werden Sie ihn nicht so einfach los. Vielleicht haben Sie sich auch schon mehr als einmal vorgenommen, künftig eine ungeliebte Verhaltensweise einfach nicht mehr auszuführen – gute Gründe dafür gab es mit Sicherheit genug. Trotzdem ist es Ihnen nicht gelungen. Unser Gehirn ist ein Leben lang lernfähig, auch was unser Verhalten angeht, allerdings braucht es dafür vernünftige Lernangebote.

Vernünftige Lernangebote sind durch zwei Merkmale gekennzeichnet. Zum einen müssen Sie dem Unbewussten für eine ungeliebte Verhaltensweise einen attraktiven Ersatz anbieten. Mit dem einfachen Vorhaben, sich über bestimmte Situationen nicht mehr aufzuregen, haben Sie sich lediglich die bisher übliche Reaktion untersagt, sofern es überhaupt funktioniert, aber keine alternative Reaktion angeboten. Wie soll sich denn Ihr Körper dann verhalten, wenn nicht wie bisher? Sich tot stellen wie ein Opossum? Komplett verstummen, bis alles vorbei ist, aber innerlich nahezu kollabieren? Oder doch einfach wieder, vielleicht mit einer Verzögerung von fünf Sekunden, aufbrausen und der Welt lautstark Ihre Meinung verkünden?

Zum anderen muss die Alternativreaktion zu Ihnen passen und kongruent mit Ihrer Persönlichkeit sein. Einfach einen gut gemeinten Rat befolgen, wie «Zähle bis zehn und atme ruhig durch», kann in einfachen Situationen schon einmal funktionieren. Eine ernsthafte Alternative für alte Verhaltensmuster wird dies jedoch nie werden. Die neue Verhaltensweise muss sich für Sie gut anfühlen, Erfolg versprechend sein und am besten auch noch Spaß machen. Nur dann besteht Hoffnung, sie dauerhaft in das Verhaltensrepertoire zu übernehmen.

Um eine neue Verhaltensweise dauerhaft zu installieren, braucht es eine bestimmte Vorgehensweise. Motivationspsychologen haben ein Ablaufmodell entwickelt, das ganz genau die verschiedenen Reifestadien eines Handlungsziels vom Wunsch bis zur Realisierung beschreibt. Wenn es allein um die Technik geht, wie zum Beispiel beim Tanzunterricht einen neuen Schritt zu erlernen, dann reicht es im Regelfall, diese Abfolge so oft mechanisch zu wiederholen, bis sie sitzt. Dazu bekommen wir konkrete Anleitungen unserer Tanzlehrerin, wenn nötig Korrekturen und vor allem viel Musik, um zu üben. Wenn wir diese Lernweise allerdings auf unser neues gewünschtes Flirtverhalten übertragen, dann sind die wenigstens von dieser Methode begeistert. Wie soll das auch funktionieren? Ein Schatten, der uns folgt und zu jeder Zeit mit einem guten Rat zur Seite steht? Fünfzig Frauen am Stück anquatschen, bis uns der vorgegebene Satz flüssig von den Lippen geht?

Es gibt in der Tat Flirtkurse, die mit ähnlichen Methoden arbeiten, die nach dem Theorieteil Aufgaben verteilen und die Teilnehmenden mit dem Auftrag losschicken, innerhalb einer Stunde mindestens fünf Handynummern von Unbekannten einzusammeln. Einige haben Spaß an solchen Aufgaben, andere sehen darin zumindest eine Mutprobe. Eine dritte Gruppe kommt mit großer Wahrscheinlichkeit nach dieser Stunde nicht zurück und sitzt frustriert beim zweiten Glas Bier, weil sie ja genau das nicht kann: Unbekannte ansprechen und nach der Telefonnummer fragen. Zu welcher Gruppe auch immer Sie gehören, eine solche Übung werden Sie bei uns nicht finden. Im folgenden Abschnitt stellen wir Ihnen das erwähnte Ablaufmodell vor, anhand dessen Sie sich Ihr authentisches, eigenes Flirtverhalten erarbeiten können.

Der Rubikon-Prozess

Das Zürcher Ressourcen Modell orientiert sich bezüglich der Arbeitsrichtung an dem aus der Motivationspsychologie stammenden Rubikon-Modell von HECKHAUSEN (1989) und GOLLWITZER (1990). Einem Vorschlag von GRAWE (1998) folgend erweiterten STORCH und KRAUSE (2007) dieses Modell um die Phase der unbewussten Bedürfnisse. Dieses erweiterte Modell wird der Rubikon-Prozess genannt.

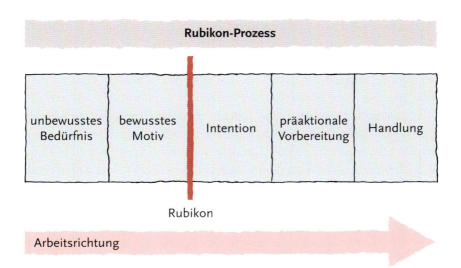

Rubikon-Prozess

| unbewusstes Bedürfnis | bewusstes Motiv | Intention | präaktionale Vorbereitung | Handlung |

Rubikon

Arbeitsrichtung

Der Rubikon-Prozess beschreibt aus motivationspsychologischer Sicht die verschiedenen Stadien, die ein Vorhaben durchlaufen muss, bevor es zuverlässig umgesetzt werden kann. Wir werden bei jedem einzelnen Stadium immer wieder auf den Rubikon-Prozess verweisen, sodass Sie Ihre persönliche Entwicklung mitverfolgen können. So werden Sie zur Fachperson für Ihr eigenes Flirtvorhaben.

Die zeitliche Abfolge der einzelnen Schritte ist für den Erfolg sehr wichtig. Keiner darf ausgelassen werden, so sehr es Sie auch manchmal drängen mag, sofort mit dem Handeln zu beginnen. Immer wenn Sie mit einem guten Vorsatz, den Sie für sich gefasst haben, scheitern, liegt der Grund mit großer Wahrscheinlichkeit im unvollständigen Durchlaufen dieses Prozesses. Entweder haben Sie etwas übersprungen oder Sie bleiben an einer Stelle stecken, ohne zu wissen, wie es weitergehen soll. Wir werden Sie Schritt für Schritt durch den Prozess führen und Ihnen das nötige Handwerkszeug, das Sie auf diesem Weg benötigen, zur Verfügung stellen.

Das Rubikon-Prozess-Modell erlaubt es, das Vorhaben einer Person vom Wunsch bis zur Realisierung auf seiner Reise durch die Zeit zu begleiten. In der ersten Phase befinden sich die Bedürfnisse, die noch nicht bewusst sind. Sobald diese Bedürfnisse dem Menschen bewusst werden, spricht man in der Rubikonterminologie von einem Motiv. Vorhaben, die sich in dieser Phase des Rubikon-Prozesses befinden, erkennen Sie anhand von Formulierungen wie «Ich sollte», «Ich möchte», «Ich könnte».

Damit ein Motiv überhaupt die Chance hat, in Handlung umgesetzt zu werden, muss es durch die Überquerung des Rubikon zu einer Intention, also zu einer klaren Absicht werden. Was ist mit dem Begriff der Rubikonüberquerung gemeint? Hierzu möchten wir Ihnen eine kurze Geschichte erzählen, die diesem Modell den Namen gegeben hat. Im Jahre 49 vor Christus lagerte Julius CÄSAR mit seinen Truppen vor dem Fluss Rubikon, der ihn von Rom trennte. Julius CÄSAR überlegte zu diesem Zeitpunkt, ob er den Rubikon überschreiten sollte, was einer Kriegserklärung an den römischen Senat gleichgekommen wäre, oder ob er sich lieber wieder mit seinen Truppen zurückziehen sollte. Er wog das Für und Wider ab, um schließlich zu sagen: «Alea jacta est» (lat.: Der Würfel ist geworfen). Damit meinte Julius CÄSAR, dass er einen unumstößlichen Entschluss gefasst hat und seine Entscheidung steht.

Erst wenn der Rubikon überquert ist und dadurch aus einem Motiv eine Intention gebildet wurde, können Menschen handeln. Manches Mal brauchen Menschen vor der Handlungsumsetzung noch weitere Unterstützung. Die präaktionale Phase behandelt die Themen Umlernen und Umgang mit unerwünschten Automatismen. Sie ist immer dann von Interesse, wenn Menschen nicht nur etwas Neues lernen, sondern gleichzeitig auch noch eine alte Angewohnheit verlernen wollen. Nachdem diese vier Phasen durchlaufen sind, geht es schließlich zur Handlung.

Wir verdeutlichen Ihnen den kompletten Rubikondurchlauf an einem einfachen, leicht nachvollziehbaren Beispiel, dem Kauf dieses Buchs: Stellen Sie sich bitte vor, Sie stehen in einer Buchhandlung und gucken sich ein bisschen um. In der ersten Phase liegen unbewusste Bedürfnisse, das kann beispielsweise die Suche nach Nähe, Geborgenheit, Zweisamkeit, Glück oder Liebe sein. Was sich auch in dieser Phase an Bedürfnissen tummelt, es ist Ihnen (noch) nicht bewusst. Sie finden sich selbst plötzlich in der Ecke der Buchhandlung wieder, in der Bücher zu Themen wie Psychologie und Lebenshilfe ausliegen. Gehen wir einmal davon aus, dass Sie diesen Bereich nicht bewusst angesteuert haben, sondern sich «zufällig» dort aufhalten. In einem solchen Fall haben Ihre unbewussten Bedürfnisse Sie dahin gesteuert. Nun stehen Sie da, und Ihr Blick streift über die verschiedenen Bücherrücken: «Finde dein Glück», «Tigerblick trifft Himbeerlächeln» und «Gehirnyoga» sind beispielsweise Titel, an denen Ihr Blick einen Moment lang hängen bleibt. Dann gehen Sie weiter: «Partnerglück leicht gemacht», «Wie werde ich Ich?» und «Wege zur Achtsamkeit». Während Sie weiter streifen, kehrt Ihr Blick immer wieder zu einem bestimmten Buchrücken zurück, und Sie wiederholen den Titel des Buchs einige Male: «Tigerblick trifft Himbeerlächeln». Sie entschließen sich, dem Buch ein wenig mehr Aufmerksamkeit zu schenken, und wollen wissen, um was es darin geht. Sie nehmen das Buch aus dem Regal und lesen den kompletten Titel. *Also ums Flirten geht's da? Flirten mit dem Unbewussten – hört sich ja interessant an. Aber wahrscheinlich ist das wieder eines von diesen Büchern, die Hunderte von Tipps und Tricks abgeben ... und das Meiste setz ich dann eh nicht um.* Das Geld kann ich mir sparen. Sie befinden sich nun in der bewussten Motivphase, in der Sie vor dem Rubikon stehen und abwägen, ob Sie etwas machen sollen oder nicht. Was spricht für den Kauf des Buchs? Was dagegen? Sie gehen weiter, schauen sich die Neuerscheinungen des Monats an, gehen zu den Reiseberichten für die nächste Urlaubsplanung. Doch immer wieder erscheint vor Ihrem inneren Auge der Einband des Flirtbuchs, das Sie vorhin in der Hand hatten. *Ich bin ja gerade Single, und ein paar Tipps täten mir vielleicht ganz gut. Man lernt ja nie aus... wobei ich das Geld vielleicht doch besser in die Schuhe investieren sollte, die ich vorhin gesehen habe.* Dieser Prozess des Abwägens ist typisch für die zweite Phase des Rubikon-Prozess-Modells. Sie gehen zurück in die Ecke für Psychologie und Lebenshilfe und greifen nochmals nach dem Buch. Während Sie den Titel zum wiederholten Male lesen, durchströmt sie ein gutes Gefühl, und Sie entschließen sich, das Buch zu kaufen. Nun haben Sie eine Entscheidung getroffen und sind vom Prozess des Abwägens in der Intentionsphase angelangt. Sie haben jetzt eine Absicht, die sowohl vom Unbewussten als auch von Ihrem Verstand getragen ist. Bevor Sie das Buch kaufen und damit die letzte Phase der Handlung durchlaufen, überprüfen Sie in Ihrem Portemonnaie, ob Sie genügend Geld dabei haben. Leider ist dies nicht der Fall, und so gehen Sie – ganz im Sinne der präaktionalen Phase – zum nächsten EC-Automaten, um den bestimmten Betrag von Ihrem Konto abzuheben. Nun steht dem Kauf des Buchs nichts mehr im Weg. Bereits auf dem Heimweg beginnen Sie im Bus, die Einleitung des Buchs zu lesen.

Im nächsten Abschnitt betrachten wir die ersten beiden Phasen, in denen es um Bedürfnis und Motiv geht, etwas genauer, bevor wir Ihnen in Kapitel 4 erklären, auf was Sie achten müssen, damit Ihre Rubikonüberquerung erfolgreich verläuft.

Motive und Bedürfnisse

Vor dem Rubikon befinden sich die unbewussten Bedürfnisse und die bewussten Motive. Für eine langanhaltende, authentische Verhaltensänderung ist es wichtig, in einem ersten Schritt das Unbewusste und den Verstand zu einem geplanten Vorhaben zu befragen. Mit dieser ersten, sehr wichtigen Klärung beginnt der Weg zu erfolgreichem Flirten. Je nachdem, was diese beiden Systeme zu Ihrem Vorhaben sagen, können sich vor dem Rubikon verschiedene mögliche Konstellationen ergeben. Die unbewussten Bedürfnisse und die bewussten Motive können zusammenarbeiten oder aber sich gegenseitig behindern.

Bedürfnis und Motiv sind im Einklang

Dieser Personenkreis taucht eher selten in unseren Flirtseminaren auf, trotzdem wollen wir der Vollständigkeit halber einen möglichen Fall schildern. Angenommen Sie sind alleinstehend und würden diesen Zustand gerne ändern. Sowohl Ihr Verstand als auch Ihr Unbewusstes sind der Meinung, dass es an der Zeit sei, eine neue Bekanntschaft zu machen. Beim abendlichen Ausgang mit Freunden sehen Sie eine attraktive Person, die offensichtlich ohne Begleitung unterwegs ist. Ihren freundlich fragenden Blick erwidert sie mit einem Lächeln. In einem solchen Fall wird es Ihnen wahrscheinlich leicht fallen, schnurstracks zu dieser Person zu gehen und sie in ein Gespräch zu verwickeln. Der Ausgang dieses Abends hängt natürlich noch von vielen unbekannten Faktoren ab, aber zumindest haben Sie einen vielversprechenden Anfang gemacht.

Diese Kombination gibt es öfter, als Sie im Moment vielleicht glauben. Den meisten unserer Handlungen, über die wir nicht ausgiebig nachdenken müssen, liegt diese Eintracht der beiden Systeme zugrunde.

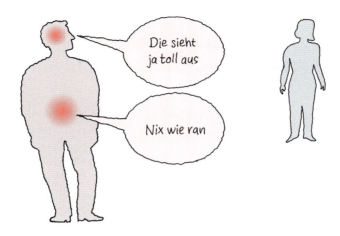

Ist diese harmonische Konstellation von Unbewusstem und Verstand gegeben, kann es jedoch immer noch sein, dass Menschen es nicht schaffen, ihr Vorhaben umzusetzen. Dann liegt es jedoch nicht an ihrer Motivation zu flirten, sondern an unerwünschten Automatismen, die irgendwann im Laufe des Lebens gelernt wurden. Falls Sie das Gefühl haben, dass dies bei Ihnen der Fall ist, so lesen Sie die folgenden Kapitel bitte sehr aufmerksam. Auch in einem solchen Fall ist es unumgänglich, das Unbewusste nach seiner Meinung zu fragen und sich seine Ideen zur Umsetzung anzuhören. Sie können erst dann ganz sicher sein, dass diese Konstellation bei Ihnen vorliegt, wenn Ihnen Ihre unbewussten Bedürfnisse bewusst sind. Dieses Bewusstmachen erfolgt im ZRM-Training mit einer ganz besonderen Technik, die Sie in Kapitel 4 kennenlernen werden. Wie Sie dann mit alten unerwünschten Automatismen konkret umgehen und Ihr Vorhaben erfolgreich durchführen können, behandeln wir in Kapitel 6 dieses Buchs.

Bedürfnis und Motiv stehen im Konflikt

Menschen mit einem sogenannten unbewussten Motivkonflikt treffen wir schon häufiger in unseren Seminaren an. Sie zeichnen sich durch eine gewisse Verzweiflung aus. Mit dem Verstand haben sie sich etwas vorgenommen, aber aus irgendwelchen, ihnen nicht erfindlichen Gründen schaffen sie es einfach nicht, das Gewollte umzusetzen. Wie soeben

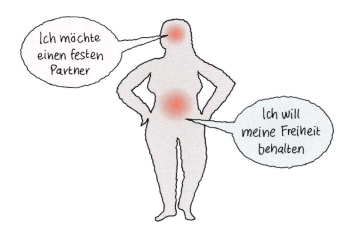

besprochen, kann dies an unerwünschten Automatismen liegen. Es kann aber auch daran liegen, dass das Unbewusste mit dem Vorhaben nicht einverstanden ist und sich weigert, es umzusetzen. Woran das «Nichtmachen» genau liegt, kann erst geklärt werden, wenn sich das Unbewusste äußern darf. Wenn Sie einen festen Partner suchen und Ihrem Ziel kein Stück näher kommen, könnte es in diesem Fall sein, dass das Unbewusste folgenden Einwand vorbringt: Ich will meine Freiheit behalten! Da es sich hierbei jedoch um ein unbewusstes Bedürfnis handelt, wissen Sie nichts davon und wundern sich über Ihr Verhalten.

Aufgrund der bisherigen Erlebnisse in Partnerschaft und Liebe hat das Unbewusste eine klare Meinung zur Suche nach einem neuen Partner. Wenn die Umstände es erlauben, seine Meinung und Bedürfnisse zu diesem Thema kundzutun, sind die Besitzer/innen dieses Unbewussten oftmals erstaunt und überrascht, was da in ihnen geschlummert hat. Die Hauptaufgabe dieser Menschen ist es, akzeptieren zu lernen, dass der Verstand nicht die einzig wahre Instanz in ihrem Leben ist, sondern auch die Gefühle, die sie bisweilen als lästigen prähistorischen und schwer zu kontrollierenden Anteil empfunden haben, eine wichtige Rolle bei ihren Entscheidungen spielen. In einem nächsten Schritt geht es dann darum, die Einwände des Unbewussten mit dem Vorhaben des Verstands in einer handlungswirksamen Intention zu formulieren. In Kapitel 5 werden Sie dies in Form eines neuen Zieltypen umsetzen, der ein besonderes Spezifikum des ZRM-Trainings darstellt – das Motto-Ziel.

Bewusste Motive stehen im Konflikt

Diese dritte Variante betrachtet nur die bewussten Motive. Es kann durchaus auch sein, dass Sie sich Ihrer verschiedenen Bedürfnisse bewusst sind. Wenn sich diese widersprechen und in Konkurrenz zueinander stehen, spricht man in der Psychologie von einem bewussten Motivkonflikt. Wenn es also der Fall ist, dass wir zwar etwas Erstrebenswertes wünschen, die Sache jedoch einen Haken hat. Wir wünschen uns von Herzen, einen neuen Partner kennenzulernen, mit dem wir unser Leben, unsere Hobbys und unsere Gefühle teilen können, haben aber gleichzeitig Angst vor zu viel Nähe, Verpflichtungen oder dem Verlust unserer bisherigen Freiheit. Auch diese Menschen sind oftmals verzweifelt, da sie nicht wissen, wie sie sich entscheiden sollen. Single bleiben oder eine feste Partnerschaft anstreben? Die Freiheit oder die Zweisamkeit genießen? Wir verwenden absichtlich nochmals das oben genannte Beispiel, damit Ihnen der Unterschied zwischen dieser und der vorhin beschriebenen Konstellation klar wird.

Falls Sie diese Konstellation bei sich vermuten, seien Sie ganz beruhigt. Auch hierfür gibt es eine Lösung, ohne sich für das eine oder andere Motiv entscheiden zu müssen. Dazu wird wiederum die Hilfe Ihres Unbewussten benötigt. Es hat nämlich eine wunderbare Fähigkeit, die man sich in einem solchen Fall zunutze machen kann.

Wie Sie in Kapitel 2 gesehen haben, ver- und bearbeitet der Verstand Informationen seriell. Dieser Verarbeitungsmodus führt bei einer Entscheidungssuche zu einem «Entweder-oder». Entweder will ich einen festen Partner oder ich will meine Freiheit. Beides geht nicht, man muss sich entscheiden. Die parallele Informationsverarbeitung des Unbewussten ermöglicht hingegen eine «Sowohl-als-auch»-Lösung. Dazu befragen Sie als erstes Ihr Unbewusstes.

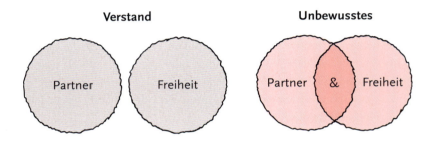

Der Einstieg über die Exploration des Unbewussten empfiehlt sich grundsätzlich immer. Nur so kann sichergestellt werden, dass das Vorhaben mit der Unterstützung des gesamten psychischen Systems geschieht, was wiederum Auswirkungen auf die Motivation und die automatische Bereitstellung von Verhaltensroutinen aus dem Unbewussten hat (KUHL, 2009). Was auch immer Sie bei sich in Bezug auf Ihr Flirtvorhaben vermuten, Sie kommen nicht drum herum, Ihr Unbewusstes nach seiner Meinung und seinen Ideen zu befragen. Diese Klärung werden Sie im weiteren Verlauf dieses Buchs vornehmen. Erst danach werden Sie die Fähigkeit besitzen, lustvoll flirten zu lernen.

Kapitel drei

Welchen Flirtbedarf habe ich

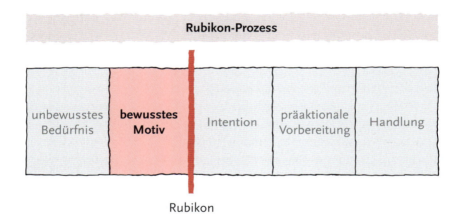

Rubikon-Prozess

| unbewusstes Bedürfnis | **bewusstes Motiv** | Intention | präaktionale Vorbereitung | Handlung |

Rubikon

Im Rubikon-Prozess befinden wir uns nun in der bewussten Motivphase. Hier geht es um die Auseinandersetzung mit Fragen wie beispielsweise: Was will ich lernen? Was ist mir wichtig? Was hält mich von meinem Vorhaben ab? Mit diesen Fragen wendet man sich an den Verstand und nutzt dessen Fähigkeiten zu analysieren, vorauszuschauen und zu planen.

In den Jahren unserer Arbeit als Selbstmanagementtrainer haben wir in unseren Kursen festgestellt, dass es unterschiedliche Flirttypen gibt. Nicht jeder, der gern flirten lernen will, möchte das auf dieselbe Art machen wie der Kollege, die Freundin oder der Kumpel. Jeder schlägt sich mit anderen Problemen herum, es gibt offensichtlich keine goldene Regel für erfolgreiches Flirten. Aufgrund unserer Erfahrung haben wir sechs Hauptflirttypen herausgearbeitet, die wir Ihnen zu Beginn dieses Buchs bereits vorgestellt haben. Anhand dieser Typen möchten wir unter anderem aufzeigen, dass die Menschen ganz unterschiedliche Ansprüche an das Thema Flirten, ganz unterschiedliche Bedürfnisse der Optimierung haben. Diese müssen individuell angegangen werden, um eine ganz persönliche und dauerhafte Strategie entwickeln zu können.

Wenn Sie das Gefühl haben, keinem dieser Typen genau zu entsprechen oder ein Mischtyp aus zweien oder mehreren zu sein, ist das völlig in Ordnung. Wir wollen Sie in kein Raster pressen. Wir werden auch keine Ratschläge für die verschiedenen Typen geben. Unsere Typologie soll für Sie lediglich ein Anhaltspunkt sein, wie die einzelnen Entwicklungsschritte aussehen können. Sie erarbeiten sich mit diesem Buch selbstverständlich Ihre ganz individuelle Strategie. Im Folgenden sehen Sie das Arbeitsblatt, wie es Monika ausgefüllt hat, und den Optimierungsbedarf aller sechs Typen.

Optimierungsbedarf von Monika

Arbeitsblatt

Was sind für Sie die größten Hindernisse zu flirten?

Ich habe Angst, schlampig zu wirken,
Angst, dem Mann durch mein Verhalten das Gefühl
zu geben, er könnte gleich mit mir ins Bett.

Woran liegt es Ihrer Meinung nach, dass Sie
a) nicht flirten?

Ich mache mir dann dauernd Gedanken und überlege,
wie das alles weitergehen könnte, und mache mir Sorgen,
dass wir eh nicht zusammenpassen.

b) flirten, aber nicht den gewünschten Erfolg dabei haben?

Ich flirte nicht wirklich, auf einen Flirt reagiere ich
eher zurückhaltend, dadurch wirke ich anscheinend kühl
und desinteressiert.

Was läuft bei Ihnen noch nicht rund beim Flirten?

Ich müsste mehr lächeln und mir weniger Gedanken
machen, was daraus alles entstehen könnte oder auch nicht.
Ich muss es irgendwie schaffen, meine Angst, billig zu
erscheinen, in den Griff zu kriegen.

Wo besteht Optimierungsbedarf bei Ihrem Flirt?

Ich möchte offen und mutig sein und den Mann anlächeln
können, ohne mir großartig Gedanken über mögliche
Konsequenzen zu machen. Irgendwie die störenden
Gedanken abstellen und lächeln, das wäre schön ☺!

Optimierungsbedarf der sechs Typen

Monika
Lächeln, Offenheit, Vertrauen in mich

Manfred
Mehr Mut, weniger Schüchternheit

Anna
Flirtmomente erkennen und genießen

Stefan
Souveränität und Sicherheit im Umgang mit Körben

Charlotte
Toleranz und nicht vorschnell urteilen

Julian
Interesse der Frauen an mir wecken

Der erste Schritt zur Klärung des Optimierungsbedarfs besteht darin, dass Sie sich bewusst mit Ihrem Flirtverhalten und Ihren entsprechenden Wünschen auseinandersetzen. Wie sieht Ihr persönlicher Optimierungsbedarf aus? Was hindert Sie im Moment noch daran, so zu flirten, wie Sie es sich wünschen? Sie können hierzu die folgenden fünf Fragen ausfüllen. Seien Sie ganz ehrlich zu sich selbst, niemand wird Ihre Gründe erfahren, wenn Sie dies nicht wollen.

Optimierungsbedarf

Arbeitsblatt

Was sind für Sie die größten Hindernisse zu flirten?

....

....

....

Woran liegt es Ihrer Meinung nach, dass Sie
a) nicht flirten?

....

....

....

b) flirten, aber nicht den gewünschten Erfolg dabei haben?

....

....

....

Was läuft bei Ihnen noch nicht rund beim Flirten?

....

....

....

....

Wo besteht Optimierungsbedarf bei Ihrem Flirt?

....

....

....

....

Nun kennen Sie Ihren bewussten Optimierungsbedarf. Wie Sie in Kapitel zwei erfahren haben, ist es wichtig, den Verstand und das Unbewusste zu synchronisieren. Nur wenn beide Systeme mit dem Vorhaben einverstanden sind, hat man die Möglichkeit, sein Verhalten langfristig zu ändern. Um den Verstand haben wir uns gerade gekümmert. Im nächsten Kapitel beschäftigen wir uns damit, wie man sicherstellen kann, dass das Unbewusste mit im Boot sitzt.

Kapitel vier

Wie flirtet das Unbewusste mit

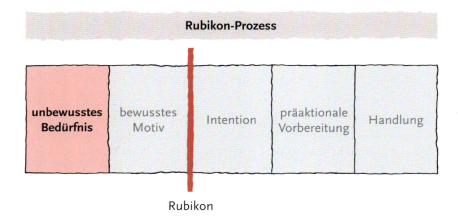

Rubikon-Prozess

| unbewusstes Bedürfnis | bewusstes Motiv | Intention | präaktionale Vorbereitung | Handlung |

Rubikon

Vergleicht man den Rubikon-Prozess mit dem Heranreifen einer Frucht, so geht auch Ihr Wunsch durch verschiedene Reifestadien. Die spätere Form lässt sich manchmal schon in ihren Grundzügen erkennen, ebenso wie sich an der Farbe erahnen lässt, wann der Reifungsprozess abgeschlossen sein wird. Im vorangegangenen Kapitel haben Sie sich durch Selbstreflexion mit Ihren bewussten Motiven auseinandergesetzt. Nun gilt es zu hören, was das Unbewusste zu Ihrem Vorhaben meint, und dessen Vorschläge einzubeziehen. Wie in der Natur heißt es auch hier: Nicht alle Früchte reifen gleich schnell, bei einigen Pflanzen geht das innerhalb von Tagen, andere brauchen dafür Wochen oder sogar Monate. Genauso verhält es sich mit Ihren Flirtwünschen. Nehmen Sie sich also bitte für alle Schritte, die noch folgen werden, genügend Zeit, um Ihren Früchten die Möglichkeit zu geben, in Ruhe reif zu werden. Umso köstlicher wird das Ergebnis schmecken.

Wunschelemente

Um dem Verstand die Möglichkeit zu geben, in Worte zu fassen, was das Unbewusste uns an Signalen sendet, brauchen wir eine gemeinsame Informationsplattform. Wenn Sie jetzt Ihre Gedanken schweifen lassen, für eine Minute an den letzten Urlaub zurückdenken oder an eine besonders schöne Situation, die Ihnen in letzter Zeit widerfahren ist, dann werden sie feststellen, dass, schneller als Sie Worte formulieren können, Bilder vor Ihrem geistigen Auge auftauchen. Das Unbewusste, Ihr Erfahrungsgedächtnis, versieht nicht nur einzelne Erlebnisse mit Gefühlen, sondern liefert Ihnen zusätzlich Bilder, Gerüche, Empfindungen und manchmal auch einen Geschmack, dem Sie noch nach langer Zeit nachspüren können. Während Gerüche, Empfindungen oder ein Geschmack nur sehr schwer zu beschreiben sind, können wir Bilder sehr präzise darstellen und mitteilen.

Wilma BUCCI hat in ihrer Mutiple Code Theory (BUCCI, 2002) psychoanalytisches Gedankengut mit den Überlegungen des Hirnforscher Antonio DAMASIO verbunden. Sie geht davon aus, dass Menschen Informationen grundsätzlich in drei Arten von Codes wahrnehmen und verarbeiten: Sprache, Bilder und körperliche Gefühle. Die Welt der Sprache besteht aus Buchstaben und Worten und ist bis auf ein paar wenige Ausnahmen uns Menschen vorbehalten. Damit die Welt der Sprache verstanden werden kann, brauchen wir zusätzlich die Welt der Bilder. Bilder geben der Sprache ihre Bedeutung.

Zur Verdeutlichung machen wir eine kleine Übung. Nehmen Sie sich ein Wörterbuch in einer fremden Sprache, zum Beispiel Spanisch, Englisch oder Arabisch – was Sie gerade zur Hand haben. Schlagen Sie eine beliebige Seite auf und halten Sie die Spalte mit der deutschen Übersetzung zu. Wählen Sie ein Wort aus, das Sie nicht kennen. Lesen Sie es erst leise und dann laut und achten Sie darauf, welche Reaktion oder Emotion das Wort in Ihnen auslöst. Vielleicht klingt es weich oder hart, ist kompliziert auszusprechen oder auch nicht. Vermutlich werden keine Bilder zu diesem Wort in Ihnen auftauchen, es bleibt eine Buchstabenfolge. Lesen Sie nun die deutsche Bedeutung und beobachten Sie die Bilder, das Gefühl, den Geruch oder den Geschmack, der fast gleichzeitig beim Lesen des Worts entsteht.

Für alle Leser, die kein Fremdwortlexikon zur Hand haben, folgen auf der nächsten Seite einige Beispiele. Achten Sie bitte darauf, die zwei rechten Spalten abzudecken, wenn Sie diese Seite gleich umblättern.

Fremdwort	Deutsche Übersetzung	Sprache
consteleção	Sternbild	portugiesisch
voljeti	lieben	kroatisch
narresmok	Schnuller	norwegisch
baunilha	Vanille	portugiesisch
flertovati	flirten	kroatisch
Medisterpølse	Bratwurst	norwegisch
Bigode	Schnurrbart	portugiesisch
Bumbar	Hummel	kroatisch
Bryllup	Hochzeit	norwegisch
aborrecer-se	sich ärgern	portugiesisch
gladan	hungrig	kroatisch
rødme	erröten	norwegisch
Jabuka	Apfel	kroatisch

Schaut man sich die einzelnen Wörter in der linken Spalte an, so sieht man in den meisten Fällen wahrscheinlich nur eine Buchstabenreihe. Betrachtet man jedoch die Übersetzung in der mittleren Spalte, so tauchen entsprechende Bilder vor dem inneren Auge auf, und man versteht. Die dritte Welt, die Welt der körperlichen Gefühle, kommt ohne Worte und Bilder aus. Die Verarbeitung geschieht beispielsweise durch Töne, Gerüche oder Empfindungen. Vielleicht hatten Sie bei dem Wort «Apfel» einen Apfelgeruch in der Nase? Oder bei dem Wort «Hochzeit» ein feierliches Gefühl? «Solche nonverbalen Bilder helfen uns, geistig die Konzepte auszubilden, die den Worten entsprechen. Auch die Gefühle, die den Hintergrund der mentalen Einzelvorgänge bilden und die vor allem Aspekte des Körperzustands kundtun, sind Bilder. Wahrnehmung ist in allen sensorischen Formen das Ergebnis der kartografischen Fähigkeiten unseres Gehirns» (DAMASIO, 2011, S.82).

Das Gehirn versteht Worte also dadurch, dass es Bilder und Körpergefühle aufruft, die zu diesem Wort passen. Dies konnte durch die Hirnforschung in verschiedenen Experimenten nachgewiesen werden. Zeigt man Probanden beispielsweise das Wort «kicken», so wird der Teil der Gehirnrinde aktiv, der für die Bewegung des Fuß- und Beinteils zuständig ist (HAUK et al., 2004). In der Welt der Worte können wir uns nur bewegen, wenn wir unseren Verstand benutzen und bei Bewusstsein sind. Die Welt der körperlichen Gefühle hingegen arbeitet komplett unbewusst. Natürlich kann körperliches Geschehen auch bewusst werden, der Großteil von dem, was im Körper geschieht, ist jedoch gar nicht bewusstseinsfähig. Die Welt der Bilder kann sowohl bewusst als auch unbewusst aktiviert werden. Diese gemeinsame Plattform von Verstand und Unbewusstem machen wir uns für die Arbeit mit den Wunschelementen zunutze.

Gemeinsame Informationsplattform von Verstand und Unbewusstem

Das Unbewusste   Der Verstand

Im ZRM wurde eine Methode entwickelt (STORCH & RIEDENER, 2005), die dem Unbewussten die Möglichkeit gibt, sich über eben diese gemeinsame Plattform mitzuteilen. Die Technik basiert auf den sogenannten Wunschelementen. Um auf der Bilderebene Ideen aus dem Unbewussten zu unserem Vorhaben zu generieren, arbeiten wir mit den Wunschelementen. Als Wunschelement bezeichnet man Vorstellungen, mit deren Hilfe Eigenschaften gesucht werden, die wir uns in diesem Zusammenhang für uns wünschen. Bewährt haben sich Vorstellungen etwa von einem Tier, einer Pflanze, einer Landschaft, einem Fahrzeug oder einer bekannten Person, real oder erfunden. Der eigenen Fantasie sind bei dieser Technik keine Grenzen gesetzt, der Pool der Wunschelemente kann beliebig erweitert werden.

Als Wunschelement eignet sich alles, was gute und starke Bilder hervorruft. Die Wunschelemente-Technik wird dazu benutzt, um auf der Bilderebene Ideen zu erzeugen. Die entsprechende Frage lautet: «Welches Wunschelement verfügt über Eigenschaften, die dir bei deiner Absicht nützlich sein könnten?» Ausgangslage ist der eigene Optimierungsbedarf. Gesucht wird ein Wunschelement, das einen in seinem Optimierungsbedarf stärkt und das Umsetzen des Vorhabens ermöglicht.

Ich entscheide dabei für mich selbst, mit welchem Wunschelement ich arbeiten will. Dabei gilt es, eine einfache Regel zu beachten: Das Wunschelement, zu dem spontan und schnell gute Bilder auftauchen, ist geeignet. Gerät man ins Grübeln, muss ein anderes Wunschelement gesucht werden, denn hier mischt bereits der Verstand mit. Darum ist es nicht sicher, dass das Bild in direktem Kontakt mit dem Unbewussten steht. Der Verstand wird uns in den folgenden Kapiteln noch sehr nützlich sein, in diesem Moment jedoch kann er uns nicht helfen und hat folglich Pause. In diesem Abschnitt ist der Verstand in den Ferien!

Monikas Optimierungsbedarf besteht darin, durch Mut, Offenheit und Lächeln ihre Unnahbarkeit zu mildern. Sie möchte lernen, ihre störenden Gedanken abzustellen, und durch ein Lächeln möchte sie dem Mann ihr Interesse signalisieren können. Gleichzeitig ist es ihr wichtig, das Gefühl von Kontrolle zu haben, um selbst zu bestimmen, wie weit sie gehen will. Monika fallen folgende Wunschelemente ein, die sie bei ihrem Vorhaben unterstützen könnten: «Das Tiermotiv ist total einfach, da hatte ich gleich mein Pferd vor Augen. Meine Stute Dakira hat sicherlich nicht

diese störenden Gedanken», meint Monika lächelnd. «Außerdem zeigt sie direkt, wenn sie jemanden mag. Diese Ehrlichkeit und Offenheit finde ich sehr schön.» Des Weiteren notiert sie eine Margerite, einen Sommergarten und Pippi Langstrumpf, die sie als Mädchen sehr geliebt hat, weil sie so mutig war und sich nicht darum gekümmert hat, was andere von ihr denken. «Ich weiß auch nicht, womit das zusammenhängt, aber immer wieder hatte ich das Bild einer süßen, reifen Himbeere vor mir. Das hab ich dann einfach beim eigenen Wunschelement hingeschrieben.»

Wie Monika bei ihrer Stute Dakira weiß man bei manchen Wunschelementen sofort, welche genauen Eigenschaften mit dem eigenen Optimierungsbedarf zusammenhängen. Es gibt aber auch Wunschelemente, die einem vom Unbewussten geschickt werden, ohne dass man selbst auf den ersten Blick die Gründe erkennt. Dies ist bei Monikas Himbeere der Fall. Beide Arten von Wunschelement sollen aufgeschrieben werden, da es sich um starke Bilder handelt.

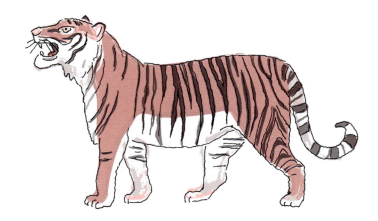

Manfred sieht seinen Optimierungsbedarf darin, die eigene Schüchternheit abzulegen und im Umgang mit Frauen mutiger zu werden. Zu den Wunschelementen, die ihn dabei unterstützen könnten, gehört – neben einem Ferrari, einer Berglandschaft und dem Hochseefischen – der Tiger: «Der Tiger ist für mich ein Sinnbild von Mut und Eleganz. Außerdem sind Tiger sehr intelligente Tiere», sagt Manfred leise. Als die Frage der Wunschelemente an Anna kommt, zählt sie alle gleich mit der für sie passenden Erklärung auf: «Der Adler und der Leuchtturm stehen für Erkennen. Und erkennen kann man ja besonders gut, wenn man den Überblick über die Situation hat. Die Seerose und der Teich sind für mich eher Bilder, die ich mit Ruhe verknüpfe, also das beruhigende Element, das ich brauche, um passende Flirtmomente überhaupt erkennen zu können. Ja, und das Cabriolet steht für den Spaß: einsteigen, Gas geben und die Fahrt genießen. Nur beim Wunschelement, das sich auf eine Person bezieht, ist mir niemand eingefallen.»

Es ist nicht unbedingt notwendig, dass man zu jedem Punkt ein Wunschelement findet. Auch unsere Typen haben nicht immer das ganze Arbeitsblatt ausgefüllt. Fällt einem nichts ein, hätte man aber gerne ein passendes Wunschelement beispielsweise für eine Person, kann man sich Ideen hierzu von anderen Menschen holen. Anna braucht diese Möglichkeit für sich nicht, aber Julian meldet sich: «Ich suche nach einer Person, aber mir fällt nichts ein. Ich will ja herausfinden, was die Frau will, wie ich sie für mich interessieren kann. Habt ihr da einen guten Tipp für mich?» In einem solchen Fall nutzt man die Ideen aus der Gruppe, die Julian folgende Personen vorschlägt: ein Gärtner, der auf die Bedürfnisse seiner Pflanzen achten muss; ein Detektiv, zum Beispiel Columbo, der durch seine Fragen herausfindet, was er wissen will; Mel Gibson in seiner Rolle im Film «Was Frauen wollen».

«Die Idee mit Columbo finde ich cool, den schreibe ich auf», unterbricht Julian die Ideensammlung. Die hier eingesetzte Technik nennt sich «Ideenkorb», wir werden sie im nächsten Abschnitt noch genauer vorstellen. Julian hat noch zwei weitere Wunschelemente aufgeschrieben: «Der Wolf ist ein super Fährtenleser, hat er eine Spur aufgenommen, dann verfolgt er die, bis er seine Beute hat. Ja, und dann habe ich noch mein Motorrad. Bei meiner Maschine muss ich auch immer gut drauf achten, ob sie noch genug Öl und Benzin hat, ob die Reifen noch gut sind, der Luftdruck stimmt, die Batterie aufgeladen ist. Wenn ich das nicht mache, kann's böse Konsequenzen für mich haben. Und als letztes hab ich den von euch vorgeschlagenen Columbo, den Detektiv, der nicht aufgibt, bis er den Fall gelöst hat. Ja, das war's dann auch schon, mehr fällt mir nicht ein. Ich denke aber, das reicht schon.»

Mehr Toleranz und nicht vorschnell urteilen stellen den Optimierungsbedarf von Charlotte dar: «Als Wunschelement Tier hatte ich sogleich
einen wunderschönen Schmetterling vor Augen, die Pflanze ist bei mir
die zart duftende Lotusblüte. Beim Landschaftselement bin ich mir nicht
so sicher, da habe ich ein wenig überlegen müssen, bis mir ein Gartenlabyrinth eingefallen ist. Wisst ihr, ich stelle mir vor, dass ich mit einem
Mann darin romantisch spazieren gehen und Neues entdecken kann. Ja,
und als Fahrzeug habe ich einen Oldtimer gewählt, ich sehe da vor mir
so einen klassischen, edlen, schönen Mercedes.» Beim Wunschelement
Gartenlabyrinth könnte es sein, dass Charlottes Verstand zu sehr mit-
gespielt hat. Nachdem sie im übernächsten Abschnitt die Affektbilanz
kennengelernt haben wird, wird Charlotte entscheiden können, ob sie mit
dem Gartenlabyrinth weiter arbeiten möchte.

Stefan möchte im Umgang mit Misserfolgen Souveränität und Sicherheit erlernen. «Das Wildschwein hat so eine dicke Haut, das spürt gar
nicht, wenn es von einer Mücke gestochen wird», sagt Stefan lachend,
obwohl er das sehr ernst meint. «Der Baum war einfach so da, keine
Ahnung, wieso. Vielleicht wegen seinem festen stabilen Stamm? Den Trabi
habe ich gewählt, weil der unkaputtbar ist, der fährt und fährt, und falls
doch mal was kaputt geht, lässt er sich leicht und schnell reparieren. Und
als Person habe ich das Bild eines Toreros vor Augen. Das ist kein bestimmter, einfach ein Torero, der sich seiner Stärken bewusst ist und
sicher auftritt.» Wie bei Stefan kann es gut sein, dass das Unbewusste
keine konkrete Person schickt, sondern das Bild einer Figur, die ein
bestimmtes Verhalten zeigt und konkrete Eigenschaften hat. Auch dies
eignet sich wunderbar als Wunschelement.

Wunschelemente der sechs Typen

 Monika

Optimierungsbedarf
von Monika:

Lächeln, Offenheit
Vertrauen in mich

Welches Wunschelement hat
Eigenschaften, die mich bei der
Umsetzung meines Optimie-
rungsbedarfs unterstützen?

- Welches Tier?
  Pferd

- Welche Pflanze?
  Margerite

- Welche Landschaft?
  Sommergarten

- Welches Fahrzeug?
  —

- Welche Person?
  Pippi Langstrumpf

- Welches andere
  Wunschelement?
  Himbeere

 Manfred

Optimierungsbedarf
von Manfred:

Mehr Mut,
weniger Schüchternheit

Welches Wunschelement hat
Eigenschaften, die mich bei der
Umsetzung meines Optimie-
rungsbedarfs unterstützen?

- Welches Tier?
  Tiger

- Welche Pflanze?
  —

- Welche Landschaft?
  Berge

- Welches Fahrzeug?
  Ferrari

- Welche Person?
  James Bond

- Welches andere
  Wunschelement?
  Tiefseefischen

Wunschelemente der sechs Typen

 Anna

Optimierungsbedarf
von Anna:

Flirtmomente erkennen
und genießen

Welches Wunschelement hat
Eigenschaften, die mich bei der
Umsetzung meines Optimie-
rungsbedarfs unterstützen?

- Welches Tier?
  Adler

- Welche Pflanze?
  Seerose

- Welche Landschaft?
  Teich

- Welches Fahrzeug?
  Cabriolet

- Welche Person?
  –

- Welches andere
  Wunschelement?
  Leuchtturm

 Stefan

Optimierungsbedarf
von Stefan:

Souveränität und Sicherheit
im Umgang mit Körben

Welches Wunschelement hat
Eigenschaften, die mich bei der
Umsetzung meines Optimie-
rungsbedarfs unterstützen?

- Welches Tier?
  Wildschwein

- Welche Pflanze?
  Baum

- Welche Landschaft?
  –

- Welches Fahrzeug?
  Trabi

- Welche Person?
  Torero

- Welches andere
  Wunschelement?
  –

Wunschelemente der sechs Typen

 Charlotte

 Julian

Optimierungsbedarf
von Charlotte:

Toleranz,
nicht vorschnell urteilen

Welches Wunschelement hat
Eigenschaften, die mich bei der
Umsetzung meines Optimie-
rungsbedarfs unterstützen?

- Welches Tier?
  Schmetterling

- Welche Pflanze?
  Lotusblüte

- Welche Landschaft?
  Gartenlabyrinth

- Welches Fahrzeug?
  Oldtimer

- Welche Person?
  –

- Welches andere
  Wunschelement?
  –

Optimierungsbedarf
von Julian:

Herausfinden,
was Frau will

Welches Wunschelement hat
Eigenschaften, die mich bei der
Umsetzung meines Optimie-
rungsbedarfs unterstützen?

- Welches Tier?
  Wolf

- Welche Pflanze?
  –

- Welche Landschaft?
  –

- Welches Fahrzeug?
  Motorrad

- Welche Person?
  Columbo

- Welches andere
  Wunschelement?
  –

Um Ihre eigenen Wunschelemente zu finden, setzen Sie sich am besten mit einer Tasse Tee oder Kaffee auf Ihr Sofa und gehen nochmals ihr Hand-out zu Ihrem Optimierungsbedarf durch. In einer ruhigen Stimmung hat das Unbewusste optimale Möglichkeiten, Ihnen Bilder von passenden Wunschelementen zu schicken. Dann füllen Sie wie unsere sechs Typen das folgende Hand-out aus. Fällt Ihnen zu einem Punkt nichts ein, so gehen Sie einfach zum nächsten. Oder Sie machen es wie Charlotte und holen sich Unterstützung von Ihrer Umwelt, ganz wie Sie wollen.

Wunschelemente zu Ihrem Optimierungsbedarf

Arbeitsblatt

Mein Optimierungsbedarf aus dem Hand-out von Seite 59:

....

....

....

Welche Wunschelemente haben Eigenschaften, die Sie
bei der Umsetzung Ihres Optimierungsbedarfs unterstützen?

▪ Welches Tier?

....

▪ Welche Pflanze?

....

▪ Welche Landschaft?

....

▪ Welches Fahrzeug?

....

▪ Welche Person?

....

▪ Welches andere Wunschelement?

....

Ideenkorb-Technik

Nachdem man die Wunschelemente gefunden hat, die man mit einem Tier, einer Person, einer Landschaft, einem Auto oder was auch immer verbindet, besteht der nächste Schritt darin, diese Botschaft des Unbewussten zu entschlüsseln. Was will das Unbewusste damit sagen? Welche Ideen werden vom Unbewussten durch das Wunschelement geschickt? Das Dolmetschen des Wunschelements erfolgt einerseits mit Hilfe des Verstands und andererseits mit Hilfe fremder Personen. Der eigene Verstand und der Anderen hilft, die Vorschläge in Worte zu übersetzen, mit denen es sich dann weiterarbeiten lässt. Einige Punkte sind einem selbst vielleicht schon klar und bewusst, aber durch die Zuhilfenahme von anderen Personen – sogenannten Fremdgehirnen – werden einem selbst unbewusste Ideen bewusst gemacht.

Die Formulierung «mithilfe fremder Personen» hat Sie jetzt vielleicht aus Ihrer gemütlichen Liegeposition aufschrecken lassen. Wahrscheinlich hatten Sie nicht vor, andere in die Entwicklung Ihres Vorhabens, besser flirten zu lernen, mit einzubeziehen. Sie wollten das Ganze in aller Ruhe und möglichst unauffällig nur für sich durchziehen. Irgendwann wären Sie dann einfach erfolgreich bei Ihrer Partnersuche, ohne Rede und Antwort stehen zu müssen, wie Sie das geschafft haben. Keine Sorge, niemand wird von Ihrem Vorhaben erfahren, wenn Sie das nicht wollen.

Die fremden Menschen dienen Ihnen als Bereicherung ihres Repertoires und werden Ihnen mit ihren guten Fremdideen über Ihre einfallsarmen Zeiten hinweg helfen. Denn jetzt gilt es, möglichst viele kreative Ideen zu generieren, um eine größtmögliche Auswahl für den nächsten Schritt zu haben. Sicher haben auch Sie selbst jede Menge guter Ideen, und mit einem guten Coaching würde es Ihnen vielleicht auch gelingen, in die tieferen Schichten Ihres Bewusstseins vorzudringen und noch mehr Ideen zu finden, von denen Sie vorher nicht geahnt hätten, dass sie in Ihnen stecken. Allerdings werden Sie sich immer nur in Ihrem eigenen Gehirn aufhalten und lediglich Ihr eigenes Wissen und Ihre eigenen Erfahrung anzapfen können. Das kann durchaus reichhaltig sein, aber nachdem Sie unsere Technik angewandt haben, werden Sie erstaunt sein, wie viele gute und kreative Ideen andere Menschen zu ihrem Wunschelement beisteuern.

Wählen Sie für diese Aufgabe zwei Ihrer Wunschelemente aus. Natürlich können Sie sich auch Ideenkörbe zu allen Wunschelementen holen. Das ist eine Frage des zeitlichen Aufwands, den Sie betreiben können und möchten. In der Regel genügt es jedoch, sich auf zwei Wunschelemente zu konzentrieren, die einem besonders gut gefallen. Sie können Ihren Ideenspendern die Aufgabe vereinfachen, indem Sie sich ein richtiges Bild Ihrer Wunschelemente suchen. Sie können beispielsweise im Internet, in Ihrer privaten Fotosammlung oder in einem Geschäft mit Postkarten nach geeigneten Bildern Ausschau halten. Dort werden Sie sicher schnell fündig.

Die Ideenkorb-Technik läuft folgendermaßen ab: Man sammelt bei verschiedenen Personen Ideen zum Wunschelement und zu dem entsprechenden Bild ein. Alle Ideen werden – wie beim Pilzesammeln – in einen Korb gelegt, das heißt, sie werden aufgeschrieben. Erst in einem späteren Schritt kümmert man sich um das Sortieren. Dazu muss man niemandem erklären, wozu man die Ideen braucht, man bittet einfach die Fremdgehirne um «Ideenspenden», indem man fragt, was ihnen spontan zu dem Wunschelement an positiven Dingen einfällt. Man sammelt also die Assoziationen von anderen Personen zum eigenen Wunschelement. Wichtig ist, dass man nur positive Ideen sammelt und auf das Ideenkorb-Blatt notiert, denn das Unbewusste hat das Bild des Wunschelements ja als positiven Vorschlag geschickt. Deswegen werden auch nur positive Ideen als Übersetzungshilfe verwendet.

Sie hören dem Fremdgehirn zu, schreiben die Ideen auf, bedanken sich und wenden sich dem nächsten zu. Wählen Sie dazu die unterschiedlichsten Menschen aus, denn Ihre beste Freundin oder Ihr bester Kumpel haben mit großer Wahrscheinlichkeit ganz ähnliche Assoziationen wie Sie und spenden Ihnen vermutlich nicht viel Neues. Spendieren Sie in Ihrer Lieblingskneipe ruhig einem Fremden ein Bier, fragen Arbeitskollegen, verwickeln die Sportsfreunde in ein Gespräch oder nutzen die Großfamilie als Ideenspender. Alle Antworten sind fürs Erste richtig, auch wenn Sie spontan anderer Meinung sind. Sie hören nur zu, schreiben mit und werten dann in einer ruhigen Minute alles Wort für Wort aus. Wie diese Auswertung genau vonstattengeht, ist das Thema des nächsten Abschnitts, jetzt wird erst mal gesammelt.

Vielleicht haben Sie, während Sie für den Ideenkorb zu Ihrem Wunschelement sammeln, auch eigene Assoziationen. Plötzlich tauchen Ideen zu Ihrem Bild auf, die Sie vorher nicht hatten. Wenn dies der Fall ist, dann notieren Sie diese bitte auch auf Ihrem Ideenkorbblatt. Sie können sich auch Ihren Ideenkorb mittels Internet zusammenstellen. Geben Sie einfach den entsprechenden Begriff in der Suchmaschine Ihres Computers ein und notieren sich alle Worte und Bilder, die Ihnen gefallen. Wenn Sie beispielsweise ein bestimmtes Tier als Wunschelement gewählt haben, können Sie sich im Internet und in Büchern Informationen über die Lebensart, besondere Kennzeichen und Eigenschaften, das Sozialverhalten und den Lebensraum holen. Haben Sie ein konkretes Auto als Wunschelement, können Sie auch über dieses Informationen sammeln und in Ihren Ideenkorb legen.

Im Folgenden sehen Sie die Ideenkörbe unserer sechs vorgestellten Personen. Sie erhalten damit einen Eindruck, wie solch ein Ideenkorb aussehen kann. Gleichzeitig können Sie diese Ideenkörbe auch als einen Riesenideenkorb für sich selbst betrachten. Vielleicht finden Sie im Folgenden ja Ideen und Begriffe, die auch Sie in Ihren Ideenkorb aufnehmen können.

Im nächsten Abschnitt schauen wir uns an, wie die Körbe ausgewertet werden. Dies erfolgt wiederum mit einer besonderen Technik des ZRM, der Affektbilanz. Sie wird eingesetzt, damit bei der Übersetzung der Botschaft aus dem Unbewussten keine Missverständnisse auftreten.

Ideenkörbe der sechs Typen

 Monika

Wunschelement 1: Himbeere

Sommerfrüchte genießen,
Genuss, Lockerheit, sonnen-
verwöhnt, reife Frucht, Lust am
Essen, süße Verführung, rot,
frische Leichtigkeit, im Hier und
Jetzt sein, den Augenblick ge-
nießen, leben, lieben, verlieben,
sonnengereifte Früchte pflücken,
Wolllust, Sonne, Früchte des
Lebens, amore rosso, fruchtige
Süße, pflück mich, rubinrot,
Himbeermarmelade, saftig

Wunschelement 2:
Pippi Langstrumpf

Kunterbunt, selbstbewusst,
Spaß am Leben, sich keine
Gedanken über Konsequenzen
machen, «ich mach mir die
Welt wiedewiedewie sie mir
gefällt», ist sich ihrer selbst
sicher, genießt das Leben, lebt
im Hier und Jetzt, Pferd kleiner
Onkel, Freunde Tomi und
Annika, das Leben leicht
nehmen, sagt was sie denkt
und fühlt, über die Welt lachen

 Manfred

Wunschelement 1: Tiger

Starkes schönes Tier, Instinkt,
Einzelgänger, selbstbewusst,
katzenhafte Anmut, geschmeidig,
Territorium, König des Waldes,
intelligent, Selbstversorger,
braucht keine Angst zu haben da
er der Herrscher ist, erfolgreicher
Jäger, stolz, konzentriert der
Beute auflauern, in sich ruhen,
Kampfeslust, sprungbereit, Kraft,
Eleganz, Geschmeidigkeit, furcht-
los, zielsicher, Herr des Waldes

Wunschelement 2:
Berge

Gipfel, frische Luft, kühle Frische,
wandern, Edelweiß suchen,
Enzian, Alpenkräuter, klettern,
Gipfelstürmer, massiver Stein,
Umgebung im Auge behalten,
festes Fundament, gibt Halt,
Ausblick vom Gipfel

Ideenkörbe der sechs Typen

Anna

Wunschelement 1: Seerose

Blühen, aufblühen, lustvoll, Leuchtkraft, kräftiges Rosa, schwimmende Ruhe, öffnet sich mit ganzer Schönheit, Hingabe, duftend, zart, verführerisch blühend, ich öffne mich, strahlen und leuchten vor Glück, die Sonne aufsaugen, innere Balance, schwebende Wurzeln, unter der Seerose liegt die Tiefe des Teichs, Tiefgang

Wunschelement 2: Cabriolet

Oben ohne, Gas geben, cruisen, sich dem Moment hingeben, offen zu zweit die Sonne genießen, sich bestaunen lassen, sich zeigen, seine Schönheit zeigen, sich bewundern lassen, sportlich und ein Hingucker, Wind im Haar, Sonne auf der Haut spüren

Stefan

Wunschelement 1: Baum

Fester Stamm, Lindenblüten-duft, Blätter im Wind, tief verwurzelt, stabil und biegsam, Urvertrauen, bietet Unter-schlupf, Heimat von vielen Geschöpfen, weithin sichtbar, bietet Schatten und Kühle, alt und erfahren, bringt nichts aus der Ruhe, wiegt sich im Wind, kein Sturm kann ihm etwas anhaben

Wunschelement 2: Torero

Leidenschaftlich, selbstbewusst, nimmt sich was er will, Macho, männlich, fürchtet sich vor keiner Gefahr, elegant und biegsam, wird bewundert, ihm fliegen die Frauenherzen zu, muss in sein Können Vertrauen haben, absolute Körper-beherrschung, beweglich, stark, geschmeidig, Ruhm, immer Herr der Lage, kann als Sportler auch Niederlagen einstecken

Ideenkörbe der sechs Typen

 Charlotte

 Julian

Wunschelement 1: Lotusblüte

Leuchtet, duftet intensiv,
Sinnbild für Ruhe und Reinheit,
in sich ruhend, ausdauernd,
Lotuseffekt, Wasser und Schmutz
perlt ab, zarte Pastellfarben,
zartrosa, Schönheitssymbol,
lebt in der Gemeinschaft,
lebt in ihrem Element,
ist offen, Symbol für Reinheit,
Schöpferkraft und Erleuchtung,
verführerisch duftend

Wunschelement 2: Schmetterling

Fliegen, Flügelschlag, farben-
froh, zart, Nektar trinken, von
der Raupe zum Schmetterling,
Verwandlung, Metamorphose,
es gibt seltene Exemplare,
flattern, schweben, fliegt von
Blüte zu Blüte, genießt den Tag,
Nektar das Getränk der Götter,
federleicht, sorglos

Wunschelement 1: Wolf

Spur verfolgen, instinktiv, im
Rudel leben, einsamer Wolf,
mit den Wölfen heulen,
unausrottbar, checkt die Lage,
ist schlau, guter Beobachter,
ausgezeichnetes Gehör,
guter Geruchssinn, Überlebenskünstler, kann sich anschleichen
Jagd im Rudel, kann im Rudel
und alleine jagen, treuer
Gefährte

Wunschelement 2: Motorrad

Gas geben, bremsbereit, cruisen,
gemütliches Fahren, Freiheit,
Drehzahl, Spaß am Leben,
Abenteuer bestehen, abenteuerlustig, Geschwindigkeit spüren,
wendig, Kurven fahren, Rennen
fahren, Mechaniker, auf die
Drehzahl achten, die Maschine
beherrschen, cool sein, gute Kör-
perbeherrschung, gutes Körper-
gefühl, reaktionsschnell, Gespür
für Straße und Gelände haben,
Adrenalin pur, Benzingeruch,
Geselligkeit in der Gruppe

Ideenkörbe zu Ihren Wunschelementen

Arbeitsblatt

Wunschelement 1:

....

....

....

....

....

....

....

....

Wunschelement 2:

....

....

....

....

....

....

....

Affektbilanz

Im alltagspsychologischen Verständnis stellt man sich positive Gefühle als das Gegenteil von negativen Gefühlen vor. Dieses Alltagsverständnis von Gefühlen, Stimmungen und Bewertungen lässt sich in folgender Skala darstellen:

Diese Skala sagt aus, dass es einem automatisch gut geht, wenn man sich nur schon vom negativen Gefühl weg bewegt. Aus eigener Erfahrung wissen Sie vielleicht, dass dies (leider) nicht der Fall ist. Der Funktionsweise des menschlichen Gehirns wird diese Darstellung tatsächlich nicht gerecht. Unser Gehirn ist anders gebaut.

Positive und negative Gefühle werden im menschlichen Gehirn von zwei unterschiedlichen Regelkreisen be- und verarbeitet (KUHL, 2001; LEDOUX, 2000). Für die positiven Gefühle ist ein Schaltkreis zuständig, der als Belohnungssystem bezeichnet wird. Hierzu gehört beispielsweise der Nucleus accumbens. Bei den negativen Gefühlen ist das Bestrafungssystem aktiv, bei dem die Amygdala eine große Rolle spielt (HAGEMANN, 2009). Deshalb ist es sinnvoll, positive und negative Gefühle auf zwei getrennten Skalen darzustellen (LANG et al., 1997). Diese zwei Skalen zeigen übrigens den Grund auf, warum wir zu einem Sachverhalt, einer Person oder einer anliegenden Entscheidung gemischte Gefühle haben können. Das ist immer dann der Fall, wenn sowohl die positive als auch die negative Skala ausschlägt.

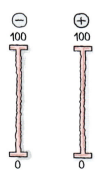

Nun folgt eine kleine Übung, um Sie mit diesem Arbeitsinstrument vertraut zu machen. Im weiteren Verlauf dieses Buchs werden Ihnen diese zwei Skalen immer wieder begegnen. Zusammen ergeben sie die Affektbilanz. Betrachten Sie nun bitte die beiden Affektskalen und legen Sie bei den folgenden Worten spontan für sich fest, wie stark Ihr positiver Affekt und wie stark Ihr negativer Affekt ist. Das Ergebnis ist die Affektbilanz. Das Wort «mutig» könnte beispielsweise eine Affektbilanz von –20 und +65 haben, das heißt, dass der Ausschlag auf der negativen Skala auf 20 liegt und auf der positiven Skala auf 65. «Leichtigkeit» könnte vielleicht eine Affektbilanz von –0 und +80 aufweisen, wohingegen das Wort «Streit» eher eine Affektbilanz von –85 und +0 ergibt.

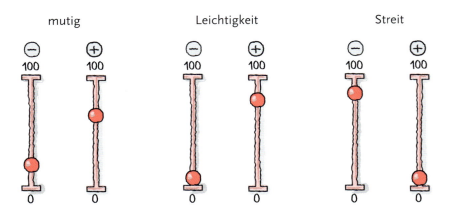

Und nun sind Sie dran: Wie sieht Ihre Affektbilanz bei den folgenden Worten aus?

Affektbilanz

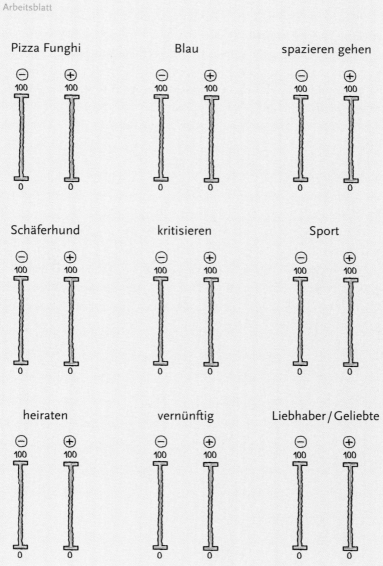

Wenn Sie diese Übung zusammen mit anderen Menschen machen, werden Sie bemerken, dass die Affektbilanz zu ein und demselben Wort individuell sehr verschieden ist. Das liegt daran, dass die Affektbilanz die Bewertung aus dem Unbewussten abbildet. Und da wir alle unterschiedliche Erfahrungen gemacht haben, fällt auch die Bewertung der Affektbilanz ganz unterschiedlich aus.

Jetzt ist es an der Zeit, uns den prall gefüllten Ideenkorb näher anzusehen und auszuwerten. Die Auslese der Ernte erfolgt mittels der Affektbilanz. Bei der Auswertung des Ideenkorbs gilt die Regel, dass nur diejenigen Begriffe in die nächste Runde der Umsetzung des Vorhabens mitgenommen werden, die auf der negativen Skala 0 und auf der positiven Skala mindestens 70 oder mehr haben. Negative Gefühle, und seien sie auch noch so gering, beinhalten immer die Gefahr des Zögerns oder Vermeidens der erwünschten Handlung. Nur die völlige, freudige und lustvolle Zustimmung unseres Unbewussten zu einem bestimmten Thema ermöglicht ein erfolgreiches Weiterarbeiten.

Der Arbeitsauftrag besteht jetzt darin, alle gesammelten Ideen anhand dieser Skala zu überprüfen. Kennzeichnen Sie die entsprechenden Begriffe, indem Sie sie farblich markieren oder unterstreichen. Mit den Begriffen, die die Prüfung erfolgreich bestanden haben, arbeiten Sie dann weiter. Das können zwischen einem und allen sein, solange Sie die −0/+70-Regel erfüllen, ist alles erlaubt.

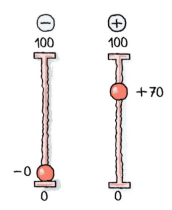

Worte aus dem Ideenkorb, die eine solche Affektbilanz haben, nennen wir im ZRM-Training die «Lieblingsideen». Das sind die superleckeren Bonbons, die das Unbewusste besonders toll findet. Schauen wir uns einmal am Beispiel unserer Typen an, wie dieser Schritt im Arbeitsblatt aussieht.

An dieser Stelle meldet sich Charlotte: «Als ob ich es geahnt hätte. Ich war mir ja nicht ganz sicher wegen des Wunschelements Gartenlabyrinth und habe aus dem Gefühl heraus entschieden, mir hierzu erst mal keinen Ideenkorb sammeln zu lassen. Nun weiß ich, dass meine Entscheidung richtig war. Meine Affektbilanz ist nämlich auf der negativen Skala auf –20. Ich glaube, das kommt daher, dass man sich da ja auch verirren kann.» Charlottes Unterbewusstes hat ihr gemischte Gefühle zu ihrem Wunschelement geschickt. In einem solchen Fall arbeitet man einfach mit seinen anderen Wunschelementen oder ersetzt das verworfene durch ein neues.

Zögerlich meldet sich Manfred: «Ich bin mir nicht sicher, ob das wirklich eine Lieblingsidee ist. Es geht um ‹Gipfel›. Das gefällt mir eigentlich recht gut, aber irgendwie… Ich weiß auch nicht, es ist doch toll, oben auf dem Gipfel zu stehen und den Ausblick zu genießen.» Manfred bereitet die Einordnung des Worts in der Affektbilanz große Mühe. «Da hab ich die unterschiedlichsten Zahlen vor meinem Auge. Zuerst ist die Affektbilanz −20 und +60, und dann ändert sie sich plötzlich auf −0 und +75. Was soll ich denn jetzt machen», schaut Manfred fragend in die Runde. In einem solchen Fall nimmt man immer die erste, die schnellere Bewertung. Wie in Kapitel 2 beschrieben, bewertet das Unbewusste innerhalb von 200 Millisekunden, der Verstand schaltet sich frühestens nach 900 Millisekunden dazu. Manfred schreibt den Gipfel nicht zu seinen Lieblingsideen, da die Bewertung aus dem Unbewussten auf der negativen Skala ausschlägt. «Vielleicht kommt die negative Bewertung von dem Bild, dass ich da ja irgendwie hochkommen muss. Schon bei dem Gedanken gerate ich außer Atem», sagt er lachend.

Monika hat eine Idee zu ihrem Wunschelement Pippi Langstrumpf etwas abgeändert: «Bei der Idee *über die Welt lachen* kam mir sofort die Formulierung *in die Welt lächeln* in den Sinn. Darf ich das als Lieblingsidee nehmen? Also meine Affektbilanz dazu ist −0 und +90.» Selbstverständlich nimmt Monika diese Formulierung für die weitere Arbeit. Es kommt immer wieder vor, dass gespendete Ideen eigene neue Assoziationen auslösen. Wenn diese die vorgeschriebene Affektbilanz erfüllen, zählen auch sie zu den Lieblingsideen.

Lieblingsideen der sechs Typen

 Monika

Zur Himbeere: Süße Verführung, sonnengereifte Früchte, Früchte des Lebens
Zu Pippi Langstrumpf: sich keine Gedanken über Konsequenzen machen, das Leben genießen, in die Welt lächeln

 Manfred

Zum Tiger: Instinkt, geschmeidig, intelligent, furchtlos

Zu Berge: Umgebung im Auge behalten, Ausblick

 Anna

Zur Seerose: Lustvoll, sich öffnen, Leuchtkraft, schwimmende Ruhe, innere Balance, die Sonne aufsaugen
Zum Cabriolet: Sich dem Moment hingeben, sich zeigen, Hingucker, Wind im Haar

 Stefan

Zum Baum: Frühlingsblütenduft, bringst nichts aus der Ruhe, tief verwurzelt

Zum Torero: Selbstbewusst, fürchtet sich vor keiner Gefahr

 Charlotte

Zur Lotusblüte: Leuchtet, in sich ruhend, ist offen, ausdauernd

Zum Schmetterling: Fliegt von Blüte zu Blüte, ist sorglos

 Julian

Zum Wolf: Checkt die Lage, guter Beobachter, Instinkt, unausrottbar

Zum Motorrad: Spaß am Leben, bremsbereit, auf die Drehzahl achten

Nun sind Sie wieder an der Reihe. Nehmen Sie Ihr Ideenkorbblatt zur Hand und kennzeichnen Sie alle Begriffe, die eine Affektbilanz von −0 und mindestens +70 aufweisen. Übertragen Sie bitte diese Lieblingsideen auf das folgende Arbeitsblatt.

Lassen Sie sich nicht allzu viel Zeit für diesen Schritt. Entscheiden Sie spontan und aus dem Bauch heraus, ob ein Wort für Sie eine Lieblingsidee bezeichnet oder nicht.

Ihre Ernte aus den Ideenkörben

Arbeitsblatt

Übertragen Sie bitte alle Begriffe aus Ihren Ideenkörben,
die eine Affektbilanz von −0 und mindestens +70 aufweisen.

Dies sind meine Lieblingsideen:

Absichtsformulierung

Vielleicht haben Sie schon eine Ahnung, warum Ihr Unbewusstes Ihnen gerade diese Worte zur Umsetzung Ihres Vorhabens geschickt hat. Vielleicht tappen Sie aber auch noch völlig im Dunkeln. Der nächste Schritt wird Sie auf jeden Fall weiterbringen in der Entschlüsselung der Botschaft Ihres Unbewussten.

Im Rubikon-Prozess befinden wir uns noch immer vor dem Rubikon. In diesem Abschnitt erfolgt der Abgleich zwischen dem Unbewussten und dem Verstand, also das Synchronisieren von unbewussten Bedürfnissen mit bewussten Motiven. Die Bedürfnisse schlummern jetzt jedoch nicht mehr im Unbewussten, sondern wurden durch die Ideenkorb-Technik und die Aussortierung mithilfe der Affektbilanz bewusst gemacht. Nun wird der Verstand wieder eingeschaltet, und durch die Formulierung von Sätzen mit den Lieblingsideen kommt es zur Annäherung der beiden Systeme. Jetzt wird mithilfe des Verstands eine kommunizierbare Absicht formuliert. Hierzu nimmt man die Lieblingsideen und bildet Sätze, die den gewünschten Zustand ausdrücken.

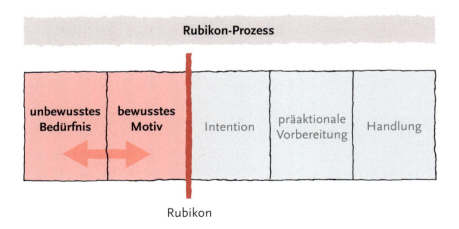

Monika schreibt mit ihren Lieblingsideen aus dem Ideenkorb die folgende Absichtsformulierung nieder: «Ich will mich fühlen, wie eine süße Verführung, die in die Welt lächelt und sich keine Gedanken über

Absichtsformulierungen der sechs Typen

 Monika

Ich will mich fühlen, wie
eine süße Verführung
die in die Welt lächelt und
sich keine Gedanken
über Konsequenzen macht
und das Leben genießt.

 Manfred

Ich will flirten, wie
ein Tiger, der instinktiv
seine Umgebung
beobachtet, geschmeidig
und intelligent ist.

 Anna

Ich möchte mich lustvoll
und mit Hingabe
dem Moment öffnen

 Stefan

Ich will mich fühlen, wie
ein Torero: Ich möchte mich
vor keiner Gefahr fürchten
und Frauenherzen fliegen
mir zu, und ich genieße
den Ruhm.

 Charlotte

Ich möchte wie ein
Schmetterling sorglos von
Blüte zu Blüte fliegen,
ich möchte leuchtend
und ausdauernd sein.

 Julian

Ich will mich fühlen, wie
auf meinem Motorrad,
Gas geben und Spaß
am Leben haben.

Konsequenzen macht und das Leben genießt.» Annas Flirtthema ist es, passende Flirtmomente zu identifizieren und den Flirt dann voll auszukosten. Ihre Absichtsformulierung heißt: «Ich möchte mich lustvoll und mit Hingabe dem Moment öffnen.» Mit der Absicht, beim Flirten mutiger zu werden, bildet Manfred aus seinen Lieblingsideen folgende Formulierung: «Ich will flirten wie ein Tiger, der instinktiv seine Umgebung beobachtet, geschmeidig und intelligent ist.» Verschmitzt schaut Manfred uns Trainer an: «Wenn ihr zwei das hinkriegt, lad ich euch zu meiner Hochzeit ein!» Lächelnd machen wir Manfred darauf aufmerksam, dass wir da gar nichts hinkriegen werden, schließlich geht es hier um Selbstmanagement. Unsere Aufgabe ist es, ihn bei seinem Prozess zu begleiten und das entsprechende Werkzeug zur Verfügung zu stellen. Aber zur Hochzeit kommen wir dann natürlich gern!

Auf folgendem Arbeitsblatt haben Sie Platz, drei Sätze mit Ihren Lieblingsideen zu formulieren. Diese Sätze müssen nicht grammatikalisch korrekt sein, sie dürfen auch ruhig ein bisschen fantasievoll und bildhaft sein. Mit zwei Varianten haben wir schon den Anfang gemacht, die dritte dürfen Sie nach Ihrem eigenen Gusto gestalten. Und los!

Ihre Absichtsformulierung

Arbeitsblatt

1. Variante:

Ich will mich fühlen, wie ....

....

....

....

....

2. Variante:

Ich will flirten, wie ....

....

....

....

....

3. eigene Variante:

....

....

....

....

....

Kapitel fünf

Wie kann ich mit dem Motto-Ziel lustvoll flirten

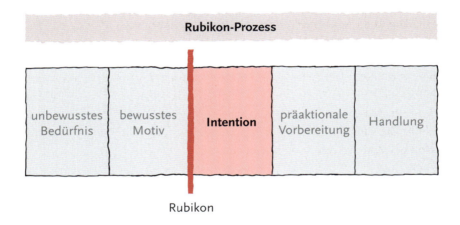

Rubikon-Prozess

| unbewusstes Bedürfnis | bewusstes Motiv | Intention | präaktionale Vorbereitung | Handlung |

Rubikon

In diesem Kapitel geht es um die Formulierung einer handlungswirksamen Intention, die Sie mit Ihrem Vorhaben über den Rubikon bringt. «Handlungswirksame Intention» ist dabei nichts anderes als ein Terminus aus der Motivationspsychologie, der alltagssprachlich als das Ziel übersetzt werden kann, das ich erreichen will. Im Zürcher Ressourcen Modell hat bei der Formulierung eines Ziels das Unbewusste ein gehöriges Wörtchen mitzureden. Damit ein Ziel handlungswirksam sein kann, müssen einige Regeln beachtet werden. Um Ihnen die wissenschaftliche Grundlage für die Technik des ZRM-Trainings aufzuzeigen, möchten wir Sie zu einem kleinen Exkurs in die Zielpsychologie einladen.

Zielebenen

In der folgenden Abbildung sehen Sie die Zielpyramide, die aus drei unterschiedlichen Ebenen besteht: Verhalten, Ergebnis und Haltung. Aus wissenschaftlicher Sicht lassen sich Ziele hierarchisch ordnen (CARVER & SCHEIER, 1998). Jede Ebene der Pyramide steht für unterschiedliche Fragen, die bei Zielen auftauchen können. Je nachdem, wie ein Ziel sprachlich formuliert wird, lässt es sich in eine der folgenden Ebenen der Zielpyramide einordnen.

Auf der Verhaltensebene geht es um das «Wie» der Zielumsetzung. Wie genau will ich mein Ziel erreichen und welche Mittel setze ich dafür ein? Die Ergebnisebene spricht das «Was» des Vorhabens an. Was will ich erreichen, was ist mein Ziel? In der Haltungsebene geht es um das «Warum». Warum will ich etwas machen? Je weiter oben ein Ziel formuliert wird, desto höher ist seine Motivationskraft. Gerade umgekehrt verhält es sich mit der Ausführungsgenauigkeit. Formulieren Sie ein Ziel auf der Verhaltensebene, dann wissen Sie ganz genau, was Sie zu tun haben. Ist Ihr Ziel hingegen auf der Haltungsebene formuliert, ist die Motivationskraft der Zielumsetzung sehr hoch.

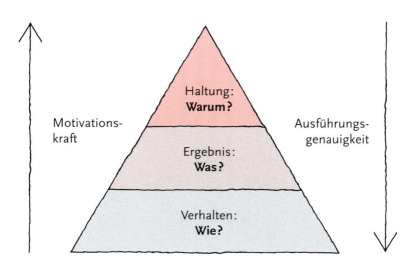

Lassen Sie uns das soeben Beschriebene an einem Beispiel verdeutlichen. Mit Ihrem Flirtvorhaben betreten Sie die Zielpyramide auf der
Ergebnisebene. Was will ich erreichen? Hier stehen beispielsweise Formulierungen wie «Ich will mutiger flirten», «Ich will den Flirt genießen»
oder «Ich will meinen Traumpartner finden». Im Alltag ist es dann oftmals
so, dass die Menschen nach dem Festlegen des «Was» in der Zielpyramide
nach unten in die Verhaltensebene gehen und sich mit der Frage auseinandersetzen, was genau sie tun müssen, um ihr Ziel zu erreichen. Sie
machen sich dann Pläne, kaufen sich Bücher mit Tipps und Tricks, melden
sich in einer Tanzschule an oder gehen ins Fitnessstudio. Eine Zeit lang
klappt das eine oder andere auch, aber spätestens nach acht Wochen hat
der Alltag all die guten Vorsätze verschluckt. Und es bleibt ein schlechtes
Gewissen, dass man sich wieder einmal nicht an das Vorhaben gehalten
hat, einmal mehr ein guter Vorsatz versandet ist.

Woran liegt das? Aus motivationspsychologischer Sicht ist der direkte
Weg vom «Was will ich?» zum «Wie mache ich das?» falsch. Mit reinen
Verhaltensanweisungen, die sich nur an den Verstand wenden, machen
Sie sich selbst zu einem rechnenden Roboter, der sich bewusst an diese
Anweisungen halten muss.

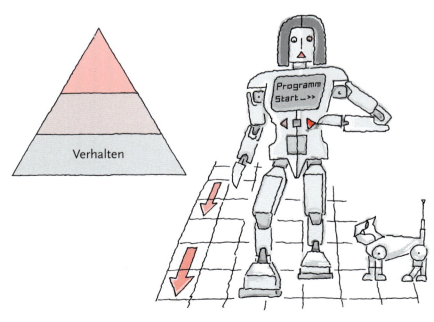

Wie Sie ja bereits gelernt haben, ist die Arbeit mit reinen Verhaltensanweisungen an den Verstand nur bei optimalen Umgebungsbedingungen möglich. Diese sind jedoch in unserem Alltag nur selten anzutreffen. Deshalb braucht Ihr Verstand die Unterstützung des Unbewussten. Nur so können Sie Ihr Verhalten langfristig ändern und ein Vorhaben umsetzen. Nur dann ist es möglich, authentisch zu sein und somit langfristig erfolgreich. Wenn Verstand und Unbewusstes an einem Strang ziehen, sind Sie fähig, Ihre Pläne umzusetzen – auf Ihre ganz persönliche Art und mit einem guten Gefühl.

Ihr Unbewusstes wohnt in der Zielpyramide ganz oben, auf der Haltungsebene. Wenn Sie nun mit Ihrem schönen Flirtvorhaben die Pyramide auf der Ergebnisebene betreten, also mutiger werden, den Flirt genießen oder Ihren Traumpartner finden wollen, müssen Sie als erstes Ihr Vorhaben auf der Haltungsebene mit dem Unbewussten absprechen. Hier kreieren Sie ein passendes Ziel, das zum tragenden Fundament Ihres weiteren zielrealisierenden Vorgehens wird.

Auf der Haltungsebene formulierte Ziele sind Ihnen sicherlich aus dem Alltag bekannt. Der Volksmund bedient sich schon immer solcher Redewendungen:

Diese sehr allgemein gehaltenen Formulierungen können durchaus hilfreich sein. Da jedoch jeder Mensch in seinem Leben unterschiedliche Erfahrungen gemacht hat und diese in seinem Unbewussten abgespeichert sind, steigt die Motivationskraft eines Haltungsziels, je individueller dieses auf seinen Besitzer zugeschnitten ist. Diese individuell auf Sie abgestimmten Formulierungen nennen wir im ZRM-Training «Motto-Ziele» (STORCH, 2009). Damit Sie einen ersten Eindruck von Motto-Zielen erhalten, haben wir hier für Sie ein paar Beispiele aus unseren Flirtkursen:

Tigerlich
tanze ich in die
Männerwelt.

Spielerisch
und voller Leichtigkeit
genieße ich mein
Leben.

Ich lasse meinen
Adlerblick schweifen
und schnappe mir
die Beute.

Spring!

Ich verführe
zum Genuss
und lasse mich
vernaschen.

Ausdauernd
und kräftig verfolge
ich meinen Weg.

Motto-Ziele haben die wunderbare Eigenschaft, dass sie alle Ebenen der Zielpyramide erfassen. Sobald Sie für sich ein Motto-Ziel formuliert haben, werden Ihnen sicher schon Ideen einfallen, wie Sie Ihr Vorhaben umsetzen können. Diese Vorschläge entstehen mit Leichtigkeit und fast wie von selbst aus Ihrem Unbewussten. Ist nämlich Ihr Unbewusstes einmal mit im Boot, unterstützt es Ihr Vorhaben, indem es Ihnen einerseits Ideen schickt, wie Sie sich konkret verhalten können, und Sie andererseits auch Situationen erkennen lässt, in denen Sie Ihr Vorhaben umsetzen können.

Diese besondere Fähigkeit des Unbewussten wird in der Psychologie «Vigilanz» genannt. Es handelt sich um eine schwebende Aufmerksamkeit des Unbewussten, das Ihren Alltag nach Gelegenheiten abscannt, in denen Sie Ihr Ziel umsetzen können. Hat es eine solche Gelegenheit gefunden, wird es sich bemerkbar machen und Ihnen sogleich einen Verhaltensvorschlag schicken. Mit einem schönen Motto-Ziel sind Sie sofort in der Lage, zielrealisierend zu handeln.

STORCH und KUHL beschreiben das Motto-Ziel folgendermaßen: «Ein Motto-Ziel ist ein allgemeines Ziel, das im Selbst durch ein großes Netzwerk von vielen möglichen, akzeptablen und damit selbstkongruenten Ergebnissen repräsentiert ist. Deswegen ist es für die Parallelverarbeitung auf höchstem Niveau erlebbar. Gleichzeitig springt die Wachsamkeit an und sucht das Alltagsgeschehen ohne Unterlass auf Möglichkeiten ab, eine Handlung dem Motto-Ziel gemäß zu gestalten. Hierdurch wird spontanes adäquates Handeln in einem Zielkorridor möglich» (STORCH und KUHL, 2012, S. 214).

Hierzu haben wir eine schöne Geschichte aus einem unserer Kurse. Eine Teilnehmerin hatte das Flirtmotto-Ziel *Ich öffne mich der Männerwelt*, was ihrem Unbewussten wahnsinnig gut gefallen hat. Nach dem Kurs fuhr sie mit dem Bus nach Hause. Immer wieder sagte sie sich ihr schönes neues Motto-Ziel mit einem Lächeln auf den Lippen vor. Als sie aufschaute, bemerkte sie einen Mann, der interessiert zu ihr hinsah und sie anlächelte. Strahlend erwiderte sie seinen Blick. Er sprach sie an: «Entschuldigen Sie bitte, normalerweise spreche ich Frauen nicht einfach so im Bus an, aber Sie haben so nett gelächelt. Hätten Sie Lust, mit mir einen Kaffee zu trinken?» Sie wollte im ersten Moment wie gewohnt die Einladung ablehnen, doch dann meldete sich ihr Unbewusstes, schickte ihr *Ich öffne mich der Männerwelt* und ließ sie lächelnd erwidern: «Also, eigentlich würde ich so ein Angebot nicht annehmen... aber doch... sehr gerne!»

In den folgenden Abschnitten erfahren Sie Schritt für Schritt, wie ein Motto-Ziel gebaut wird und auf welche wichtigen Punkte dabei geachtet werden muss.

Erste Fassung des Flirtmotto-Ziels

Im vorangegangenen Kapitel haben wir den ersten Schritt zur Formulierung des Flirtmotto-Ziels unternommen. Im Folgenden arbeiten wir mit der Lieblingsvariante der Absichtsformulierung weiter. Wenn Sie sich nicht sicher sind, welches Ihre Lieblingsvariante ist, machen Sie zu jeder Variante eine Affektbilanz und nehmen die stärkste. Es besteht auch die Möglichkeit, zwei Lieblingsvarianten zu kombinieren. Dies ist beispielsweise bei Julian der Fall, der den Wolf mit dem Motorrad in folgender Lieblingsvariante kombiniert: *Ich will flirten wie ein Wolf, der auf seinen Instinkt vertraut und unausrottbar ist, und mich fühlen wie auf meinem Motorrad, Gas geben und Spaß am Leben haben.*

Die ausgewählte Lieblingsvariante wird nun sprachlich etwas umgeformt. Sämtliche Ausdrücke wie *ich will mich fühlen wie ... ich will flirten wie ... ich möchte ... ich muss ...* werden weggelassen und ersetzt durch *ich fühle ... ich flirte ... ich bin ... ich ruhe ...* Diese Formulierungen stellen eine Brücke für den Verstand dar, ein sprachlicher Zwischenschritt. Jetzt, wo klar ist, wie man sein will, wird der Satz so umformuliert, dass sich auch das Unbewusste, das im Jetzt und Heute denkt, damit einverstanden erklären kann. Durch diese Umformulierung wird aus der gewählten Lieblingsvariante die erste Fassung des Flirtmotto-Ziels.

Ich fliege wie ein Schmetterling sorglos von Blüte zu Blüte, leuchtend und ausdauernd – ratlos blickt Charlotte uns Trainer an, nachdem sie diese erste Fassung ihres Flirtmotto-Ziels vorgelesen hat. «Aber das kann ich ja gar nicht, das ist ja genau der Punkt, warum ich hier bin! Es wäre schön, wenn ich es könnte, aber das ist ja jetzt so, als ob ich das schon so machen würde.» An diesem Punkt treffen wir häufig auf verzweifelte Gesichter, das ist völlig normal. Mit Verweis auf den Rubikon-Prozess beruhigen wir Charlotte. Wir befinden uns jetzt in der Phase der Intentionsbildung. Erst in der letzten Phase der Handlung beschäftigen wir uns mit der Umsetzung. Bevor man jedoch in Handlung übergehen kann, braucht man eine handlungswirksame Intention, also ein Motto-Ziel. Für dieses ist es enorm wichtig, dass das eigene Unbewusste mit im Boot sitzt. Das wird einerseits durch die Formulierung einer Absicht mithilfe der Lieblingsideen und andererseits durch die Umformulierung der Lieblingsvariante in die Gegenwartsform sichergestellt. «Dann muss ich wohl noch etwas Geduld haben», Charlotte atmet erleichtert auf.

Indem Stefan die Formulierung *Ich will mich fühlen, wie...* streicht, wird aus seiner Lieblingsvariante folgende erste Fassung seines Flirtmotto-Ziels: *Ich bin ein Torero, fürchte mich vor keiner Gefahr, die Frauenherzen fliegen mir zu, und ich genieße den Ruhm.* «Das fühlt sich schon ganz gut an, ich bin gespannt, was da als Nächstes kommt», kommentiert Stefan.

Erste Fassung Flirtmotto-Ziel der sechs Typen

Monika

Ich bin eine süße Verführung, die in die Welt lächelt und sich keine Gedanken über Konsequenzen macht und das Leben genießt.

Manfred

Ich flirte wie ein Tiger, der instinktiv seine Umgebung beobachtet, geschmeidig und intelligent ist.

Anna

Ich öffne mich lustvoll und mit Hingabe dem Moment.

Stefan

Ich bin ein Torero, fürchte mich vor keiner Gefahr, die Frauenherzen fliegen mir zu und ich genieße den Ruhm.

Charlotte

Ich fliege wie ein Schmetterling sorglos von Blüte zu Blüte, leuchtend und ausdauernd.

Julian

Ich flirte wie ein Wolf, der auf seinen Instinkt vertraut und unausrottbar ist und fühle mich wie auf meinem Motorrad, gebe Gas und habe Spaß am Leben.

Und nun sind Sie wieder an der Reihe. Notieren Sie bitte die erste Fassung Ihres Motto-Ziels in das dafür vorgesehene Arbeitsblatt.

Erste Fassung Ihres Flirtmotto-Ziels

Arbeitsblatt

Meine Lieblingsvariante der Absichtsformulierung:

....

....

....

....

....

....

....

Streichen Sie sämtliche Konjunktionen und achten Sie darauf, dass Sie Ihre Absicht im Präsens formulieren.
Das führt zu folgender **ersten Fassung Ihres Flirtmotto Ziels**:

....

....

....

....

....

....

....

Drei Kriterien zur Zielbildung

Ausgehend von dieser ersten Fassung baut man sich das eigene Flirtmotto-Ziel. Dafür sind die folgenden drei Kriterien zu beachten, die wir einzeln nacheinander durchgehen werden. Das Motto-Ziel muss

1. als Annäherungsziel formuliert sein,
2. vollständig innerhalb der eigenen Kontrolle sein,
3. eine positive Affektbilanz aufweisen.

1. Annäherungsziel

Als Annäherungsziel wird jede Zielformulierung bezeichnet, die das erwünschte Verhalten ausdrückt. Das Gegenteil ist das Vermeidungsziel. Wir geben Ihnen hier gleich ein paar Beispiele, um den Unterschied dieser beiden Formulierungsvarianten zu verdeutlichen.

Vermeidungsziel: *Ich will nicht mehr alleine sein.*
Annäherungsziel: *Ich will einen Partner an meiner Seite.*

Vermeidungsziel: *Ich flirte ohne Angst und Grübeln.*
Annäherungsziel: *Ich flirte mutig und mit Leichtigkeit.*

Vermeidungsziel: *Kein Rückschlag wirft mich um.*
Annäherungsziel: *Über Stock und Stein gehe ich meinen Weg.*

Wir formulieren Ziele zwar in Worten, aber diese Worte brauchen innere Bilder, um für uns verständlich zu sein. Erst durch die dazugehörigen Bilder können wir die geeigneten Assoziationen in unserem Gehirn sammeln, um den Worten und Sätzen eine emotionale Bedeutung zu geben. Denken Sie an die Übung mit den Fremdwörtern im Abschnitt über die Wunschelemente. Die Welt der Worte hat nur dann eine Bedeutung, wenn wir die passenden Bilder oder Gefühle dazu entwickeln können. Für Worte wie «nicht», «kein» oder «ohne» gibt es keine Bilder.

Um diesen Punkt zu verdeutlichen, hier ein kleines Live-Experiment: Stellen Sie sich nun bitte *keinen* rosaroten Elefanten auf einem Skateboard vor. Gelingt Ihnen das? Sie können ihn bestenfalls, nachdem er für einen kurzen Moment vor Ihrem inneren Auge aufgetaucht ist, durch einen grünen ersetzen. Dies benötigt jedoch zusätzliche Anstrengung und Zeit. Genau dies ist der Ablauf im Gehirn, wenn Sie mit einem Vermeidungsziel arbeiten. Wenn Sie hingegen ein Annäherungsziel formulieren, also genau das ausdrücken, was Sie erreichen wollen, wird Ihnen das Unbewusste in Bruchteilen von Sekunden das richtige Bild und die dazugehörigen guten Gefühle liefern. Denken Sie immer daran, welche Bilder Sie an Ihr Unbewusstes schicken und was Sie ihm damit sagen wollen.

In der ersten Fassung von Monikas Flirtmotto-Ziel ist dieses Kriterium nicht erfüllt: *Ich bin eine süße Verführung, die in die Welt lächelt und sich keine Gedanken über Konsequenzen macht und das Leben genießt.* Die Formulierung «sich keine Gedanken über die Konsequenzen macht» ist eine Vermeidungsformulierung. Für Alternativformulierungen erhält Monika folgenden Ideenkorb aus der Gruppe: vertrauensvoll, mit Gefühl, instinktiv, aus dem Bauch heraus, mit Leichtigkeit, selbstbewusst, verführerisch, genießen. «Die Idee des Genießens gefällt mir sehr! Ich muss dazu aber noch irgendwie meinen Satz umbauen, damit er Sinn macht. Ich glaube, ich will zuerst genießen, das hat für mich etwas mit abschalten zu tun, dann erst lächeln und eine Versuchung sein.» Nach ein wenig Ideenunterstützung hat Monika zu diesem Zeitpunkt das folgende Flirtmotto-Ziel: *Ich genieße die Früchte des Lebens, lächle in die Welt und bin eine süße Versuchung.*

Auch Stefan bemerkt richtig, dass seine Erstfassung eine Vermeidungsformulierung beinhaltet: *Ich bin ein Torero, fürchte mich vor keiner Gefahr, die Frauenherzen fliegen mir zu und ich genieße den Ruhm.* «‹Fürchte mich vor keiner Gefahr› ist ein Vermeidungsziel, sehe ich das richtig?» Wie Monika erhält auch er einen Ideenkorb für alternative Formulierungen dieser Absicht: stelle mich dem Kampf, liebe das Abenteuer, bin mutig, bin der Held in der Arena, bin der Stierzähmer, fühle meine innere Stärke, vertraue auf mein Können in jeder Situation. «Toll, wie viele Ideen man da bekommt, wenn man ein paar Fremdgehirne befragt. Mir wäre allein niemals so viel eingefallen. Danke! Ich hab mich bereits für die folgende Formulierung entschieden: *Ich bin ein Torero, liebe das Abenteuer, die Frauenherzen fliegen mir zu und ich genieße den Ruhm.*»

Wichtig ist es, auch versteckte und gut getarnte Vermeidungswörter zu bemerken und diese als Annäherung umzuformulieren. In der folgenden Tabelle sehen Sie ein paar Beispiele von Vermeidungswörtern. Je nach Erlebnissen und Erfahrungen erzeugen diese Wörter unerwünschte Bilder im Unbewussten. In der dritten Spalte haben wir mögliche Alternativen aufgelistet.

Vermeidungs-wort	Erzeugt im Unbewussten Bilder von	Mögliche Alternativen
grenzenlos	Grenzen	frei, leicht, weit, ewig, dauernd, viel, mächtig, fantastisch, geheimnisvoll, massenhaft, reichlich
unerschöpflich	Erschöpfung, Endlichkeit	immer, fortwährend, weitsichtig, dauernd, reichlich, vielfältig, massig, genügend, verschwenderisch
angstfrei	Angst	zuversichtlich, vertrauensvoll, sicher, mutig, in sich ruhend, in seine Stärken vertrauen, selbstbewusst, stark
schwerelos	Schwere	leicht, schwebend, fliegend, angenehm, federleicht, wie eine Seifenblase, wie eine Feder im Wind, gleitend
ungehemmt	Hemmung	locker, lustig, frei, natürlich, offen, gelöst, lässig, leicht, ausschweifend, wild, lebhaft, temperamentvoll, feurig, dynamisch

Nun meldet sich Charlotte: «Ich glaube, ich hab ein solches Vermeidungswort! ‹Sorglos› – da steckt doch das Wort Sorge drin. Ist das richtig?»
Aus der Gruppe werden folgende Ideen eingebracht: ausgeglichen, ruhe-
voll, bedachtsam, froh, neugierig, kindlich, sicher, fröhlich, vergnügt,
beschwingt, lebenslustig, leichtherzig. Charlotte hat schnell Ersatz für ihr
«sorglos» gefunden, und ihr jetziges Flirtmotto-Ziel heißt nun: *Ich fliege wie
ein Schmetterling neugierig von Blüte zu Blüte, leuchtend und ausdauernd.*

Es kommt manchmal vor, dass jemand ein Vermeidungswort in seiner
Formulierung hat, das er unbedingt behalten will. So ist das beispielsweise
bei Julian. Wir machen ihn auf das Wort «unausrottbar» aufmerksam.
«Aber das gefällt mir extrem gut, das will ich in meinem Flirtmotto-Ziel
drin haben!» In einem solchen Fall überprüft man als erstes die Affektbilanz und sucht zweitens Alternativwörter. Julians Affektbilanz zu «unausrottbar» ist −0 und +95. Mittels Ideenkorb erhält er folgende Alternativen:
ewig, immerwährend, Überlebenskünstler, schlägt sich durch, der Stärkste
von allen, der Schlauste von allen, lebendig, lebensfroh. Für Julian ist
jedoch keiner dieser Vorschläge so stark: «‹Unausrottbar› ist wirklich das
Wort, das meinen Wolf am besten beschreibt, die Ideen von euch sind zwar
gut, aber nicht so stark wie mein ‹unausrottbar›, trotzdem thanks at all!»
Falls das Wort nach der Überprüfung immer noch so stark und wichtig für
den Kursteilnehmer ist, darf er es selbstverständlich behalten. Schließlich
machen wir hier Selbstmanagement und backen keine Linzertorte, bei der
man sich streng an das Rezept halten sollte!

2. Kontrollerleben sichern

Das zweite Kriterium für ein gut funktionierendes Motto-Ziel ist, dass die
Umsetzung des Ziels vollständig innerhalb der eigenen Kontrolle ist. Dieser Punkt ist gerade beim Flirten sehr wichtig, und gleichzeitig besteht
hier auch eine große Gefahr. Um dies deutlich zu machen, bringen wir
wieder ein paar Beispiele. Sie sehen jeweils eine Formulierung, in der das
Kontrollerleben gefährdet, und eine, in der es gesichert ist. Hier also ein
paar typische Gefahrenbeispiele:

Kontrollerleben in Gefahr: *Mit meinem Charme bringe ich
alle Frauenherzen zum Schmelzen.*
Kontrollerleben gesichert: *Meine Goldaugen strahlen in die Welt.*

Es ist nicht unter der eigenen Kontrolle, dass alle Frauenherzen schmelzen. Unter dem Gesichtspunkt des Selbstmanagements ist es aber durchaus möglich, dass man seine Augen in die Welt strahlen lässt. Wer da draußen in der Welt den Goldaugen erliegt, sei dann wieder dahingestellt.

Kontrollerleben in Gefahr: *Ich erobere attraktive Männer.*
Kontrollerleben gesichert: *Ich öffne mich der attraktiven Männerwelt.*

Was ist mit den attraktiven Männern, die sich nicht erobern lassen wollen? Vielleicht ist ja gerade der attraktive Mann, den Sie im Auge haben, in einer glücklichen Beziehung oder nicht an Ihnen interessiert, weil Sie nicht seinem Typ entsprechen. Was auch immer der Grund sein mag: Das Ziel, attraktive Männer zu erobern, steht nicht unter der eigenen Kontrolle. Kontrollierbar ist hingegen, dass Sie sich diesen Männern öffnen, um dann in einem zweiten Schritt herauszufinden, ob Ihr Gegenüber auch interessiert ist.

Kontrollerleben in Gefahr: *Durch meine verführerische Art*
ziehe ich alle Blicke auf mich.
Kontrollerleben gesichert: *Ich verführe zum Genuss.*

Menschen unterscheiden sich in ihren Vorlieben und ihrem Geschmack. Was für den einen verführerisch ist, ist für den anderen immer noch zurückhaltend und für den Nächsten schon billig. Es steht nicht unter Ihrer Kontrolle, dass alle Ihre Art verführerisch finden und den Blick auf Sie richten. Wählt man hingegen die Formulierung des Verführens, so ist das Kontrollerleben gesichert. Ich kann die Verführung zum Genuss anbieten, wer sich jedoch verführen lassen will, bestimmt jeder selbst.

Stefan hat zu diesem Zeitpunkt des Kurses folgende Formulierung: *Ich bin ein Torero, liebe das Abenteuer, die Frauenherzen fliegen mir zu und ich genieße den Ruhm.* Der Gedanke, dass ihm die Frauenherzen zufliegen, gefällt Stefan gut. Bei dieser Formulierung ist jedoch sein Kontrollerleben in Gefahr. Was passiert, wenn die Frauen ihre Herzen nicht fliegen lassen wollen? Wie will er es schaffen, die Herzen zu beflügeln? Das Genießen des Ruhms ist ein weiterer Punkt, bei dem Stefan auf genaueres Nachfragen, ob dieser Ruhm für ihn kontrollierbar ist, unsicher wird. «Ich hatte mir vorgestellt, dass ich an den Erfolgen, am Ruhm auftanke und von ihm zehre, damit ich für den nächsten Korb gewappnet bin.» Was aber macht Stefan, wenn der Ruhm ausbleibt? Wie sieht es mit seinem guten Gefühl aus, wenn er an einem Abend nur Körbe kassiert? Kann er in Erinnerung an seine Erfolge das Gefühl besiegen, das er bei einkassierten Körben hat? Nach diesen geäußerten Bedenken wird für Stefan ein Ideenkorb zusammengestellt, mit dem er sein Flirtmotto-Ziel so umformulieren kann, dass es unter seiner Kontrolle steht. Dafür legt Stefan die Blätter mit seinen Wunschelementen, den dazugehörigen Ideenkörben und mit den Lieblingsideen aus. Nochmals zur Erinnerung: Stefans Absicht betrifft die Sicherheit und Souveränität im Umgang mit Körben.

Ich bin ein Torero und suche die Abenteuer.
Ich liebe die Abenteuer, die das Leben für mich bereithält.
Tief verwurzelt bestehe ich jede Niederlage.
Der Frühlingsblütenduft der Frauen belohnt das Abenteuer.
Abenteuerlustig suche ich den weiblichen Duft.
Dein Duft belohnt mein Abenteuer.
Mutig wie ein Torero genieße ich jedes Abenteuer.
Ich koste neugierig die Blütendüfte der Bäume.

«Also, dass ich die ganze Sache als Abenteuer sehe, find ich toll. Und die Belohnung steckt irgendwie im Abenteuer. Ich hatte gar nicht bemerkt, dass mein Wunschelement Baum in meiner letzten Fassung gar nicht mehr drin war. Das mit dem Duft gefällt mir sehr, finde ich ein schönes Bild. Als der Satz kam ‹Dein Duft belohnt mein Abenteuer›, hatte ich ein extrem starkes, gutes Gefühl», strahlt Stefan. «Da muss ich mir ja gar keine Gedanken über einen möglichen Korb machen. Ich sehe es als Abenteuer, eine Frau anzusprechen, und ihren Duft, den ich dabei erhasche, als Belohnung. Großartig, vielen Dank!»

3. Positive Affektbilanz

Hier geht es nun um die abschließende Überprüfung des Flirtmotto-Ziels mittels der Affektskala. Dazu lesen Sie Ihr bisher erarbeitetes Flirtmotto-Ziel und machen sich spontan auf jeder Skala ein entsprechendes Kreuz. Wie schon für die Lieblingsideen gilt auch für das Motto-Ziel, dass auf der negativen Skala kein Ausschlag sein darf und die positive Skala bei siebzig oder mehr sein muss.

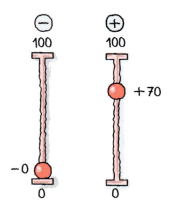

Bei diesem Kriterium lassen sich drei verschiedene Fälle unterscheiden, die wir im Folgenden anhand unserer Flirttypen vorstellen.

Die erste Möglichkeit ist, dass auf der positiven Skala 70 oder mehr erreicht wird, jedoch auch auf der negativen Skala ein leichter Ausschlag zu bemerken ist. Dies ist beispielsweise bei Anna der Fall: *Ich öffne mich lustvoll und mit Hingabe dem Moment.* Anna gefällt ihr Motto-Ziel bereits sehr, sie ist auch beim positiven Affekt auf einer 85, allerdings verspürt sie auch einen leichten negativen Affekt von –10. «Ich weiß nicht genau, also ich finde das Motto-Ziel wirklich schon sehr schön, aber da ist irgendwas, das mich stört. Ich glaube, diese Hingabe ist irgendwie zu viel, das ist mir doch dann ein wenig zu heftig. Das hat etwas mit sich ausliefern zu tun, ich hab da nicht so die Kontrolle über den Moment, und das ist schon wichtig!» Anna bekommt mittels Ideenkorb aus der Gruppe Alternativen für den Ausdruck «mit Hingabe»: leidenschaftlich, leuchtend, offen, tief, frei, lasziv, blumig, strahlend, glühend, süß, innig, erotisch, weiblich, von selbst, duftend. Anna wählt für ihre Neuformulierung das Wort «leuchtend» und ist nun auf der negativen Skala auf 0 und auf der positiven Skala sogar auf 90. Das «leuchtend», das Anna an das leuchtende Rosa ihrer Seerose erinnert, verstärkt gleichzeitig auch noch ihr positives Gefühl. «Und mir ist grad eben noch etwas eingefallen, ich hänge noch etwas hinten dran», sagt sie begeistert. «Mein Flirtmotto-Ziel heißt jetzt *Lustvoll und leuchtend öffne ich mich dem Moment, just now!*»

Dann besteht zweitens auch die Möglichkeit, dass Sie zwar auf der negativen Skala keinen Ausschlag haben, jedoch die positive Skala unter 70 ist. Bei Manfreds Motto-Ziel *Instinktiv beobachte ich meine Umgebung und ergreife geschmeidig und intelligent die Initiative* ist dies der Fall. Auf der positiven Affektskala kommt er nur auf 60. Die Gruppe spendet mit der Ideenkorb-Technik verschiedene Alternativformulierungen:

Ich bin der Tiger in meinem Revier und schnappe mir die Beute.
Mit Tigerblick beobachte ich meine Umgebung und ergreife Initiative.
Instinktiv beobachte ich meine Umgebung und ergreife tigerlich die Initiative.
In meinem Reich bin ich der Tiger.
Intelligent, geschmeidig und instinktiv beobachte ich meine Umgebung.

Manfred reagiert stark emotional bei dem Ausdruck Tigerblick. Für ihn ist es jedoch wichtig, seine vorherige Formulierung weitgehend zu behalten. Sein Motto-Ziel verändert sich dann folgendermaßen: *Mit Tigerblick beobachte ich meine Umgebung instinktiv und ergreife geschmeidig und intelligent die Initiative.*

Bei der dritten Möglichkeit geht es ausschließlich um Feintuning. Sie ist also nicht unbedingt notwendig, damit das Motto-Ziel handlungswirksam werden kann. Vielleicht entspricht ja Ihr Motto-Ziel bereits den Kriterien der Affektbilanz, aber es ist Ihnen ein wenig zu lang oder zu unhandlich? So geht es beispielsweise Monika. Die Affektbilanz ihres Mottos *Ich genieße die Früchte des Lebens, lächle in die Welt und bin eine süße Verführung* ist auf −0 und +70. Als Monika dieses Motto-Ziel in der Gruppe vorliest, sagt eine Teilnehmerin: «Du hast dann so ein richtig süßes Himbeerlächeln, wenn du dein Motto-Ziel sagst.» Dieses Wort gefällt Monika sehr gut, und so verkürzt sie ihr Motto-Ziel auf *Himbeerlächelnd gehe ich durchs Leben* und erreicht damit eine Affektbilanz von −0 und +80.

In dieser Phase kann es wie bei Manfred und Monika sein, dass neue Begriffe das Flirtmotto-Ziel verstärken und/oder verkürzen. Es besteht aber auch die Möglichkeit, dass wie bei Charlotte Worte oder Halbsätze wegfallen. «Mir ist gerade aufgefallen, dass mein Schmetterling für mich das Leuchtende und Ausdauernde beinhaltet, ich brauche das nicht mehr extra auszudrücken. *Ich fliege wie ein Schmetterling neugierig von Blüte zu Blüte.* Das ist toll», strahlt Charlotte, «bin auf −0 und +90!»

Eine ähnliche Erfahrung macht Julian. «Ich hab zwar vorhin so für mein ‹unausrottbar› gekämpft, aber jetzt merke ich, dass es mir wie Charlotte geht», meint Julian etwas kleinlaut. «Das ‹unausrottbar› ist in meinem Wolf schon drin, das muss ich nicht noch mal extra betonen. Ich werde meinen Flirtsatz in der Kaffeepause noch mal überdenken und eindampfen, hätte gern was Kürzeres, aber will's erst mal allein probieren! Ihr hört von mir!»

Nach zwei Zigaretten und einer Tasse Espresso kommt Julian mit folgender Version zurück: *Mit wölfischem Spaß gebe ich Gas!* «Na, was meint ihr?», feixt er in die Runde. Prompt meldet sich Anna mit folgendem Einwand: «Julian, mir gefällt ja deine lebhafte Art wirklich gut, aber wenn ich mir vorstelle, dass du mit deiner Wortgewalt und deinem schnellen Redefluss versuchst eine Frau zu erobern, dann hab ich da eine Hypothese, warum das so selten klappt. Frauen schätzen es sehr, wenn Männer den ersten Schritt zum Gespräch übernehmen, würden dann aber sehr gerne in das Gespräch mit einbezogen werden. Und das sehe ich bei dir nicht, ich glaube, du quatschst sie alle an die Wand. Ich bin zwar technisch nicht besonders versiert, aber glaube, ein Motorrad hat auch eine Bremse. Benutze sie doch einfach.» An dieser Stelle übernimmt Manfred das Wort: «Ich glaube, ich habe da eine gute Idee: *Mit wölfischem Spaß gebe ich Gas und bin immer bremsbereit.* So kannst du blitzschnell auf die verschiedenen Frauentypen reagieren.» Julian reagiert prompt: «Anna, deinen Einwand kann ich akzeptieren, und vielleicht ist das ja der Tipp, den ich brauche. Manfred, deine Idee ist super, Hut ab. Aber damit es mein Flirtsatz bleibt, sag ich: *Mit wölfischem Spaß gebe ich Gas, bin jederzeit bremsbereit!*»

Flirtmotto-Ziel der sechs Typen

Monika

Himbeerlächelnd
gehe ich durchs Leben.

Manfred

Mit Tigerblick beobachte ich
meine Umgebung instinktiv
und ergreife geschmeidig
und intelligent die Initiative.

Anna

Lustvoll und leuchtend
öffne ich mich dem Moment,
just now!

Stefan

Dein Duft belohnt
mein Abenteuer.

Charlotte

Ich fliege wie ein
Schmetterling neugierig
von Blüte zu Blüte.

Julian

Mit wölfischem Spaß
gebe ich Gas,
bin jederzeit bremsbereit!

Nun sind Sie wieder an der Reihe. Haben Sie eine Vermeidungs-formulierung bei sich entdeckt? Dann ersetzen Sie diese bitte. Falls Ihnen keine Alternative einfällt, müssen Sie sich nicht lange quälen, holen Sie sich einfach einen Ideenkorb. Dazu können Sie Menschen befragen, in einem Synonymwörterbuch nachschlagen oder auch im Internet nach Alternativen suchen. Verbessern Sie bitte Ihre Formulierung und schreiben Sie Ihr Flirtmotto-Ziel als Annäherungsziel in das dafür vorgesehene Arbeitsblatt. Haben Sie vielleicht festgestellt, dass die Umsetzung Ihres Flirtziels nicht unter Ihrer Kontrolle steht? Verändern Sie bitte Ihr Motto-Ziel so, dass es diesem Kriterium entspricht. Wenn Ihnen keine alternativen Formulierungen einfallen, können Sie wie immer auf die Ideenkorb-Technik zurückgreifen. Dann betrachten Sie bitte zuletzt noch Ihre Affektbilanz. Was benötigen Sie noch, um auf der negativen Skala eine 0 und auf der positiven mindestens 70 oder mehr zu haben? Wie immer gilt auch hier: Wenn Sie alleine nicht weiterkommen, lassen Sie sich von Ihrer Umwelt Ideen spenden.

Nachdem Sie überprüft haben, dass Ihr Flirtmotto-Ziel den drei Kriterien entspricht, schreiben Sie bitte die jetzige Fassung auf. Diese Formulierung ist nicht in Stein gemeißelt. Es ist *Ihr* Flirtmotto-Ziel und Sie können damit tun und lassen, was Sie wollen, insofern Sie die drei Kriterien beachten. Lesen oder hören Sie irgendwo ein Wort, das Ihnen wahnsinnig gut gefällt und zu Ihrem Flirtvorhaben passt, dann nehmen Sie dieses in Ihre Formulierung mit auf.

Ihr Flirtmotto-Ziel

Arbeitsblatt

1. Überprüfen Sie bitte, ob Ihre Erstfassung eine
   Vermeidungsformulierung und / oder ein Vermeidungswort
   enthält, und ändern Sie dies, falls nötig:

   ▪ Annäherungszielformulierung:

   ....

   ....

   ....

2. Überprüfen Sie bitte die Sicherung des Kontrollerlebens.
   Ist die Umsetzung Ihres Ziels unter Ihrer Kontrolle?

   ▪ Kontrollerleben gesichert:

   ....

   ....

   ....

3. Überprüfen Sie Ihre Affektbilanz und verändern Sie Ihr Ziel,
   falls nötig. Nach diesem letzten Schritt lautet Ihr Flirtmotto-Ziel
   folgendermaßen:

   ▪ **Mein Flirtmotto-Ziel:**

   ....

   ....

   ....

Kapitel sechs

Wie lernt mein Gehirn lustvoll flirten

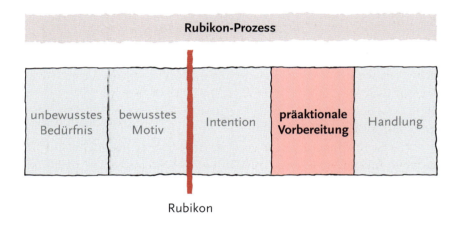

Rubikon

Wenn Sie den Rubikon-Prozess betrachten, haben Sie nun nach dem Bau Ihres Flirtmotto-Ziels die Phase der Intentionsbildung abgeschlossen. Manchmal gelingt es, nach diesem Schritt direkt zur Handlung überzugehen. Vielleicht haben Sie bereits erste leichte Veränderungen in Ihrem Flirtverhalten feststellen können? Womöglich haben Sie auf dem Weg zur Arbeit Ihr Gegenüber einmal mehr angeschaut als sonst? Vielleicht lag auch bereits ein Lächeln auf Ihren Lippen? Das kann alles gut sein, denn wie Sie bereits im vorangegangenen Kapitel erfahren haben, steuert das Unbewusste das eigene Verhalten zielfördernd, wenn es mit dem Vorhaben einverstanden und mit im Boot ist. Wie gesagt, es kann sein.

Falls nicht, müssen Sie sich jedoch überhaupt keine Sorgen machen. Im Rubikon-Prozess folgt ja nach der Intentionsbildung noch eine Phase, bevor die Handlung an der Reihe ist: die präaktionale Vorbereitung. Hier geht es um das Stärken des neuen Flirtverhaltens durch Priming und die Verhinderung alter, unerwünschter Automatismen mittels Wenn-Dann-Plänen. Haben Sie diese beiden Techniken verinnerlicht, steht Ihrem Flirtvorhaben nichts mehr im Weg.

Priming

Sie haben nun Ihr schönes Flirtmotto-Ziel, das die Bedürfnisse Ihres Unbewussten mit dem Verstand synchronisiert und so zu einer starken Einheit macht. Das Unbewusste ist nun bereit zu flirten, und es kann losgehen. Es wird sich schon allein deshalb an Ihrem Flirtverhalten etwas ändern, weil Ihr Unbewusstes mit dem Vorhaben einverstanden ist und Ihnen von selbst schon einige neue Verhaltensweisen und Möglichkeiten zur Umsetzung aufzeigt.

Wie Sie in Kapitel 2 bereits gelesen haben, besteht jedoch die Gefahr, dass alte, ungeliebte Automatismen Ihrem schönen neuen Flirtmotto-Ziel in die Quere kommen und Sie wieder nach alten Mustern handeln lassen. Wir haben im selben Kapitel darauf hingewiesen, dass es nicht möglich ist, das alte Verhalten aufzugeben, ohne Alternativen anzubieten. Damit sich Ihre neuen Verhaltensweisen tatsächlich gegen die ungeliebten Automatismen durchsetzen können, müssen sie entsprechend gestärkt werden. Und wie das geht – wiederum auf eine sehr lustvolle Art und Weise –, das ist der Inhalt dieses Kapitels.

Wieder einmal machen wir einen kurzen Ausflug in das menschliche Gehirn und erklären, was vor sich geht, wenn etwas gelernt wird. Immer wenn ein Lebewesen etwas Neues lernt, laufen im Gehirn dieselben neurobiologischen Mechanismen ab. Dabei ist es vollkommen egal, ob man Chinesisch sprechen, Trompete spielen oder eben Flirten lernen will. Sobald Sie etwas Neues lernen, verbinden sich im Gehirn Nervenzellen. Diese Verbindung geschieht über die unzähligen Synapsen der Nervenzellen. An den Rezeptoren der Synapsen werden jedes Mal, wenn diese neue Verbindung benutzt wird, Transmitterstoffe ausgeschüttet. Je mehr und je öfter Transmitterstoffe ausgeschüttet werden, desto stärker wird die Verbindung. Und je stärker diese neue Verbindung wird, desto einfacher können Sie auf diese zurückgreifen bzw. desto einfacher ist es, das Gelernte umzusetzen und anzuwenden. Sie können sich diese Verbindung wie Ihren Oberarmmuskel vorstellen. Je öfter Sie diesen benutzen und im Fitnesscenter entsprechende Übungen machen, desto stärker wird Ihr Muskel. Und nach einigem Training sind Sie in der Lage, schwere Kisten zu heben, an denen Sie vor dem Training gescheitert wären.

Wenn Sie etwas Neues lernen, dann verbinden sich nicht einfach nur zwei Nervenzellen miteinander. Es handelt sich nicht um eine einfache Eins-zu-eins-Verbindung. Das Gehirn legt ein ganzes Netzwerk zum neuen Vorhaben an, ein sogenanntes neuronales Netz. Was genau ein neuronales Netz ist und wie es funktioniert, möchten wir gerne an einem konkreten Beispiel erklären. Was fällt Ihnen ein, wenn Sie das Wort «Weihnachten» lesen oder an Weihnachten denken? Welche Bilder erscheinen vor Ihrem inneren Auge? Was hören und riechen Sie? Wie fühlen Sie sich? Welche Menschen sind da? Was gibt es zu essen?

All diese Erinnerungen – ob sprachlich, geruchlich, bildlich, emotional oder akustisch – bilden Ihr neuronales Weihnachtsnetz. Wie Sie aus der folgenden Abbildung ableiten können, sind neuronale Netze höchst individuell. Ihnen sind bestimmt ganz andere oder teilweise andere Dinge in den Sinn gekommen als uns. Das kommt wieder einmal daher, dass diese Assoziationen vor allem aus dem Unbewussten stammen, das Ihre speziellen Weihnachtserlebnisse abgespeichert hat und bei Bedarf abrufen kann.

Das Flirtmotto-Ziel ist der erste wichtige Schritt, um ein neues Netz anzulegen. Jetzt haben sich im Gehirn bereits die ersten Nervenzellen neu verbunden. Im Folgenden geht es darum, diese neue Flirtmotto-Ziel-Verbindung möglichst oft in Ihrem Alltag zu aktivieren, damit sie schön stark und zuverlässig wird und Ihren alten, ungeliebten Automatismus ablösen kann. Wir könnten Ihnen nun die Aufgabe geben, zwanzig Mal am Tag das Flirtmotto-Ziel aufzusagen. Vielleicht würden Sie das auch eine Zeit lang machen, aber besonders lustvoll wäre das wahrscheinlich nicht. Wir zeigen Ihnen eine attraktive Alternative, wie Sie die neue Verbindung auf der unbewussten Ebene aktivieren und stärken können. Das Zauberwort lautet «Priming».

In der Psychologie bedeutet Priming Aktivierung oder auch Bahnung. Priming erhöht die Auftretenswahrscheinlichkeit einer Reaktion aufgrund der vorherigen Darbietung eines Bahnungsreizes (Prime). Diese Art der Wahrnehmungsverarbeitung geschieht durch unbewusste Prozesse, die sich von solchen, die bewusstes Erinnern hervorbringen, unterscheiden. Priming ist die Beeinflussung der Verarbeitung eines Reizes dadurch, dass ein vorangegangener Reiz unbewusste Gedächtnisinhalte aktiviert hat.

Um Ihnen Priming zu erklären, wollen wir zuerst zwei amüsante Experimente aus der Wissenschaft erzählen. Danach wissen Sie, wie Priming funktioniert und wie vielfältig es eingesetzt werden kann. Das erste Experiment kommt aus der Verkehrspsychologie (Gehirn & Geist, 2008). Die Probanden mussten an einem Fahrsimulator eine achtminütige Überlandfahrt absolvieren und hörten dabei Wortlisten aus dem Autoradio. Es gab drei verschiedene Gruppen in diesem Experiment. Die erste Gruppe hörte nur maskuline Ausdrücke: zum Beispiel «Muskeln», «Tarzan» und «Bart». Die zweite Gruppe nur feminine Ausdrücke: zum Beispiel «Lippenstift», «Kleid» und «rosa». Die dritte Gruppe hörte neutrale Wörter: zum Beispiel «Tisch», «Regen» und «Buch». Um die Aufmerksamkeit der Probanden auf die Worte aus dem Radio zu lenken, sollten die Kandidaten zusätzlich immer dann die Lichthupe betätigen, wenn das Wort «Fahrplan» fiel. Untersucht wurde bei dem Experiment die Geschwindigkeit, mit der die Probanden im Fahrsimulator fuhren. Das Ergebnis war eindeutig und erstaunlich. Diejenigen Probanden (egal, ob Frauen oder Männer), die maskuline Ausdrücke gehört hatten, fuhren deutlich schneller als die anderen beiden Gruppen. Die Probanden der Gruppe mit femininen Aus-drücken waren hingegen deutlich langsamer unterwegs als die neutrale Gruppe. Verblüffend, oder? Nur durch das bloße Hören von bestimmten Worten wurde das entsprechend dazu passende neuronale Netz aktiviert, also geprimt. Durch Priming wurden die Probanden somit dazu gebracht, sich auf bestimmte Weise zu verhalten.

Das zweite Experiment zeigt, dass Priming auch unterhalb der Wahr-nehmungsschwelle funktioniert (FRIEDMANN et al., 2005). Es wurde aller-dings nur mit männlichen Probanden durchgeführt, ob es auch mit Frauen funktioniert, ist offen. An einem Computerbildschirm wurden jedem einzelnen Probanden Fotos von Frauen gezeigt. Der Proband musste jede abgebildete Frau auf einer Skala von 1 bis 9 mittels Tastatur nach ihrer Attraktivität beurteilen. Nachdem er die Zahl eingetippt hatte, musste er die Enter-Taste drücken. Danach erschien das Foto der nächsten Frau. Auf diese Weise beurteilten die Probanden fünfzig Frauen nach ihrer Attraktivität. Es gab eine Kontrollgruppe und eine Versuchsgruppe. Der «neutralen» Kontrollgruppe wurden lediglich die Fotos gezeigt, während die Versuchs-gruppe zusätzlich geprimt wurde. Jedes Mal, wenn der Proband der Ver-suchsgruppe die Enter-Taste drückte, erschien für 200 Millisekunden ein Wort auf dem Bildschirm, bevor das Bild der nächsten Frau folgte. Wenn dem menschlichen Auge ein Reiz für lediglich 200 Millisekunden gezeigt wird, kann ihn das Gehirn nicht bewusst verarbeiten und erkennen. Er kann nur vom Unbewussten wahrgenommen werden. Der Versuchsgruppe wur-den zwischen den einzelnen Frauenfotos Worte zu alkoholischen Getränken wie beispielsweise Bier, Cuba Libre, Sekt und Whisky eingeblendet.

Nach dem Experiment wurden die Attraktivitätspunkte der beiden Gruppen miteinander verglichen. Und was kam raus? Die Gruppe, die mit alkoholischen Getränken geprimt wurde, bewertete die Frauen viel attraktiver als die «neutrale» Gruppe. Das Unterbewusste der geprimten Gruppenmitglieder wurde quasi besoffen gemacht, was dann dazu führte, dass sie die Frauen als viel attraktiver empfanden.

Hier ein kleiner Tipp am Rande von mir, Julia Weber, für die Frauenwelt: Wenn Sie sich für die Männerwelt attraktiver machen wollen, weil Sie vielleicht gerade heute einen «bad hair day» haben, dann ziehen Sie doch einfach ein «Heineken»- oder «Bacardi»-Oberteil an :)!

Durch Priming werden im Gehirn entsprechende neuronale Netze aktiviert, die das menschliche Verhalten verändern. Sie können Priming benutzen, um möglichst oft Ihr neues Flirtmotto-Ziel zu aktivieren. Je öfter es bewusst und/oder unbewusst aktiviert wird, desto schneller wird das Netz groß und stark und desto einfacher können Sie darauf zurückgreifen und sich auf diese Weise von Ihren alten, ungeliebten Automatismen verabschieden.

Priming wird übrigens oft und gerne in sämtlichen Marketingbereichen eingesetzt. Der Kugelschreiber, den Sie bei Ihrem letzten Besuch im Autohaus geschenkt bekommen haben, primt sie auf das Autohaus. Weinhändler wissen, dass bei französischen Chansons als Hintergrundmusik mehr französische Rotweine verkauft werden. Priming wird jedoch auch zu nichtkommerziellen Zwecken genutzt. Ein Großmeister im Priming ist die katholische Kirche. Kirchen und ihre Türme: Priming. Kirchenglocken und Glocken läuten: Priming. Kreuze im Schulzimmer: Priming. Dann haben natürlich auch all die Gegenstände, die Sie in Ihrer Wohnung haben, Priming-Effekte. Die Vase von der Schwiegermutter, die Kaffeetasse vom Ex-Freund oder die aufgehängten Urlaubsbilder: alles Priming. Was wir Ihnen mit diesen Beispielen vermitteln wollen, ist folgende Botschaft: *Es ist nicht möglich, nicht geprimt zu werden!* Ihre Umwelt primt Sie andauernd auf die unterschiedlichsten Dinge!

Da Sie nun über dieses Wissen verfügen, können Sie Priming für Ihre Zwecke einsetzen und für Ihre Ziele nutzen. Sie werden sich gezielt ein neuronales Netz zu Ihrem Flirtmotto-Ziel bauen. Dies geschieht mittels der Gegenstände, die Sie sich eigens dafür anschaffen und die zu Ihrem Flirtmotto-Ziel passen. Bevor Sie sich damit beschäftigen, welche Gegenstände

Sie zum Priming einsetzen, zeigen wir die Gegenstände unserer sechs Typen und erläutern an diesen Beispielen die Fehler und Gefahren, die beim Thema Priming auftauchen können.

Monika kauft sich eine himbeerfarbene Handtasche, in der sie ihre Himbeerbonbons mit sich herumträgt. Bei der Arbeit schreibt sie mit einem roten Kugelschreiber und trinkt ihren Kaffee aus einer Tasse, auf die sie das Bild von Himbeeren aufdrucken lässt. «Das ist zudem noch sehr praktisch! So werden die Tassen nicht mehr verwechselt», merkt Monika begeistert an. Ihre beruflichen und privaten Termine notiert sie sich in ihre neu gekaufte Agenda. «Dann hab ich mir noch etwas besorgt. Ich traue mich fast nicht, darüber zu sprechen. Also gut – als ich letztes Wochenende mit meiner Freundin Kathrin etwas trinken gegangen bin, hatte ich mein neues Himbeerhöschen an. Das war so ein tolles Gefühl! Ich hab es dauernd auf meiner Haut gespürt, und das hat mir eine solche Freude gemacht. War so ein bisschen verrucht und geheimnisvoll. Hat mir gut gefallen und mich zum Lächeln gebracht!» Unterwäsche eignet sich für Männer und Frauen wunderbar als Priming-Gegenstand. Es ist eine gute Möglichkeit zu primen, ohne dass Ihrer Umwelt etwas auffällt. Monika wählt außerdem ein neues Parfum, einen rot funkelnden Ring und Himbeerlipgloss als Priming-Gegenstände.

Wenn wir in unseren Kursen zum Thema Priming kommen, melden sich immer wieder Teilnehmende und sagen: «Also, ich brauch das nicht. Ich werde dann einfach an mein Flirtmotto-Ziel denken, wenn ich es benötige.» Unsere Antwort darauf lautet: Um Ihr neues Flirtnetz möglichst schnell stark zu machen, kommen Sie nicht um das Thema Priming herum. Natürlich können Sie jederzeit gerne an Ihr Flirtmotto-Ziel denken. Priming bewirkt jedoch eine dauernde unbewusste Aktivierung Ihres neuen Netzes. Die Häufigkeit dieser Aktivierung kommt ohne Priming niemals zustande. Und für alle Skeptiker sei an dieser Stelle hier nochmals gesagt: Es ist nicht möglich, nicht geprimt zu werden! Die Umwelt und der Alltag stecken voll von Gegenständen, die unentwegt verschiedenste neuronale Verbindungen in Ihrem Gehirn aktivieren. Deswegen nutzen Sie Ihr Wissen und primen Sie sich selbst so, wie Sie es wollen! Verringern Sie in Ihrer Umwelt Fremdpriming-Möglichkeiten, indem Sie sie durch neue, *Ihr* gewünschtes Netz aktivierende ersetzen.

Manfred googelt für sein Flirtmotto-Ziel das Bild eines souverän in die Kamera blickenden Tigers, das er als Bildschirmhintergrund auf seinem Computer installiert. Er wird sich ein Buch über Tiger anschaffen, das nach dem Lesen einen besonderen Platz in seinem Bücherregal erhalten wird – mit der Buchfront nach außen. Gut gefällt ihm auch die Idee eines besonderen Raumdufts, der seine Sinne schärft. Zum Frühstück isst Manfred nun eine besondere Marke Frühstücksflocken, die den Tiger in ihm weckt. Für die Freizeit wird er sich ein neues Paar Puma-Schuhe kaufen, und wenn sein Handy klingelt, ertönt nun das Lied «Eye of the Tiger». «Mir ist noch etwas ganz Praktisches eingefallen: Bei meiner Arbeit muss ich regelmäßig mein Passwort ändern, was mir immer einige Mühen bereitet. Und an so einem normalen Arbeitstag gebe ich mindestens zehnmal mein Passwort ein. Ab jetzt werde ich mein Passwort in irgendeiner Form mit dem Tigerblick verbinden. Da fallen mir schon jetzt ein paar ganz tolle, unknackbare Varianten ein.» Verbinden Sie so wie Manfred das Priming mit nützlichen Dingen. Seien Sie kreativ, Ihrer Fantasie sind keine Grenzen gesetzt.

Oftmals wird von Kursteilnehmern auch die Frage gestellt, wie lange man denn primen muss. In der Regel sollte man so lange primen, bis das neue neuronale Netz kräftig genug und stabilisiert ist. Dies dauert ungefähr sechs Monate. Allerdings haben wir die Erfahrung gemacht, dass die Beteiligten nach diesen sechs Monaten weiter primen, da sie zu den Gegenständen, die sie sich angeschafft haben, einen sehr positiven Bezug, ja sogar eine starke Bindung aufgebaut haben.

Vielleicht haben Sie etwas Bedenken bezüglich der Gegenstände, mit denen Sie sich von nun an umgeben sollen. Vielleicht finden Sie es peinlich, wenn ein erwachsener Mann einen Stofftiger am Schlüsselbund hat? Auch das ist kein Problem, machen Sie sich keine Sorgen. Sie primen auf die Art und Weise, die Ihnen entspricht, zu Ihnen passt und bei der Sie sich wohlfühlen. Charlottes Gesicht zeigt an dieser Stelle des Kurses Sorgenfalten: «In meinem Arbeitsumfeld kann ich jetzt doch nicht plötzlich mit Schmetterlingen und Lotusblüten im Haar und bunten Kleidern rumlaufen, das geht echt nicht! Da werde ich ja von meinen Kollegen nicht mehr ernst genommen. Und außerdem haben wir dort Arbeitskleidung, da geht das nicht mit dem Priming. In der Freizeit und privat kann ich mir schon vorstellen, mit dem Schmetterling zu arbeiten, das werde ich auch machen, aber bei der Arbeit?»

Für Charlotte ist die Information sehr wichtig, dass Primes nicht immer eins zu eins vom Motto-Ziel abgeleitet werden müssen, dass sie also nicht nur mit Schmetterlingen primen kann und muss. Wichtig ist bei der Beschaffung der Gegenstände, dass diese sie irgendwie an ihr Flirt-motto-Ziel erinnern. Durch die Gruppe erhält Charlotte Ideen für dezente Primes an ihrem Arbeitsplatz: eine neue Uhr mit leuchtenden Swarovski-Steinen, ein besonderes Mineralwasser, ein neuer Aktenkoffer mit zartrosa Innenfutter, spezielle Unterwäsche, ein leuchtender Ring, eine Brosche in

Flügelform, eine glitzernde Bodylotion, die Abbildung einer Lotusblüte auf dem Schreibtisch, das Lied «My Butterfly» von Daniel Gerard als Klingelton. «Das gehört jetzt nicht direkt zum Arbeitsplatz, aber ich muss dir das trotzdem erzählen. Ich hab bei mir zu Hause Klopapier mit Schmetterlingsaufdruck, das ist auch sehr dezent», schlägt Anna lachend vor, «und so wirst du mit Sicherheit mehrmals am Tag geprimt!» Besonders gut gefällt Charlotte die Idee, sich das nächste Paar Schuhe, das sie bei der Arbeit trägt, unter dem Aspekt auszusuchen, dass sie sich darin leicht und schwebend fühlt. «Okay, so kann ich mir das vorstellen, danke. Für die Freizeit kauf ich mir auf alle Fälle eine neue Yogamatte. Und auf meinem Laptop habe ich bereits ein Hintergrundbild von einer Lotusblüte, das kann ich privat und beruflich auch als Prime benutzen.» Auf Nachfrage erzählt Charlotte, dass sie das Bild vor zwei Jahren auf dem Laptop als Hintergrund installiert hat. Sie ist etwas verwundert, als wir darauf hinweisen, dass sie es nicht zum Priming verwenden kann. Diese Lotusblüte ist nichts Neues, da das Bild sich bereits schon längere Zeit als Bildschirmhintergrund auf ihrem Laptop befindet. Charlotte kann sich entweder ein neues Bild mit einem anderen Motiv oder, wenn sie sich nicht trennen kann, ein anderes Bild mit einer Lotusblüte als Bildschirmschoner suchen.

Warum kann Charlotte das bereits vorhandene Bild auf ihrem Laptop nicht als Prime benutzen? Warum soll sie es durch eine andere Lotusblüte oder einen Schmetterling ersetzen? Wir haben schon einige Male davon gesprochen, dass Sie sich neue Gegenstände anschaffen sollten, die Sie an Ihr Flirtmotto-Ziel erinnern. Das hat den folgenden Grund: Ihr Gehirn, insbesondere Ihr Unbewusstes, hat die Fähigkeit der Habituation. Dies bedeutet, dass es sich an Dinge, die immer wieder in Ihrer Umwelt auftauchen, gewöhnt und sie mit der Zeit nicht mehr wahrnimmt. Wenn Sie ständig alle Gegenstände in Ihrer Wohnung bewusst wahrnehmen müssten, würden Sie von der Flut an Informationen so überrollt, dass Sie es kaum vom Sofa bis zum Kühlschrank schaffen würden. Daher ist es enorm wichtig, dass Ihr Gehirn auf den Priming-Gegenstand aufmerksam wird, um so das gewünschte neuronale Netz zu aktivieren. Auch wenn dies nur unbewusst passiert, wird es Ihr neu aufgehängtes Bild wahrnehmen und dann die Aktivierung des Netzes veranlassen. Das geht aber eben nur, wenn Sie sich neue Dinge anschaffen oder an bereits vorhandenen Gegenständen etwas verändern.

An dieser Stelle meldet sich Stefan: «Also, was heißt das jetzt konkret? Ich will eigentlich gern mit meinen Pflanzen primen, die ich zu Hause rumstehen habe. Als Erinnerung an den Duft. Kann ich die jetzt nicht nehmen? Muss ich die alle wegwerfen und mir neue Pflanzen kaufen? Das ist mir nämlich zu teuer und zu mühsam!» Natürlich soll Stefan auf keinen Fall seine schönen Pflanzen entsorgen. In der Gruppe suchen wir Ideen, was er an ihnen verändern kann, damit er sie zur Aktivierung seines Flirtmotto-Ziels benutzen kann: Neue Übertöpfe oder die alten farblich gestalten, die oberste Erdschicht mit Sand bedecken, Dekorationen wie beispielsweise ein Windspiel anbringen. Auch schon die bloße Neupositionierung der Pflanzen in der Wohnung kann ausreichen, dass das Gehirn darüber stolpert. Weiter kauft sich Stefan eine neue Armbanduhr mit passenden Motiven, neue Tanzschuhe für die Tangotanzveranstaltungen, ein frühlingsfrisches Parfum und einen Lufterfischer für das Auto. «Dann hänge ich mir daheim noch ein Bild von einem Frühlingsbaum auf. Und wenn ich nach der Arbeit nach Hause gehe, nehme ich einen anderen Weg. Da gibt es so eine Baumallee.» Das ist eine sehr schöne Idee von Stefan, und er kann das gerne machen. Allerdings ist das kein Priming. Es ist ein schönes Ritual, das jedoch bewusst durchgeführt wird. Er muss bewusst dran denken und sich bewusst dafür entscheiden, diesen Weg zu nehmen.

Vielleicht haben Sie bemerkt, dass es zwei Arten von Primes gibt. Stefans Bild vom Frühlingsbaum ist ein Gegenstand, der fest an einem Platz installiert ist. Dies nennen wir einen *stationären* Prime. Den rot funkelnden Himbeerring hingegen kann Monika immer tragen und so stets bei sich haben. Dies nennen wir einen *mobilen* Prime. Stationäre Primes sind all jene Gegenstände, die Sie an einem Ort installieren, mobile Primes können Sie mitnehmen. Für das unbewusste Lernen ist es sehr wichtig, beide Arten von Primes zu haben. Stationäre Primes sichern die fortwährende Aktivierung des Netzes, ohne dass Sie in irgendeiner Weise daran denken müssen. Sie schaffen sich diese Gegenstände an, installieren sie bei sich zu Hause, bei der Arbeit oder in Ihrem Auto und müssen weiter nichts tun. Mobile Primes eignen sich ausgezeichnet, wenn Sie Ihr neues Flirtnetz in verschiedenen Umgebungen und fremden Revieren aufrechterhalten wollen.

Für Julian sind vor allem die mobilen Primes von großer Bedeutung, da er sein Flirtmotto-Ziel vor allem dann aktivieren will, wenn er am Wochenende auf der Pirsch ist. Hierfür lädt sich Julian das Bild eines Wolfs als Hintergrund auf sein iPhone und ändert seinen Klingelton in ein Motorengeräusch.

«Ich hab ja aufgepasst», grinst Julian. «Momentan ist da nämlich das Foto meiner Maschine als Hintergrund drauf.» Er kauft sich einen Schlüsselanhänger und eine Uhr, die im Zusammenhang mit seinem Flirtmotto-Ziel stehen. «Ich muss mal gucken, was ich da finde. Dann werde ich mir noch ein neues Parfum kaufen. Das reicht dann erst mal.» Wir machen Julian darauf aufmerksam, dass er keine stationären Primes hat. «Ach, das brauche ich nicht, ich will ja nur den Flirtsatz haben, wenn ich mit einer Frau rede, damit er mich dran erinnert, hinzuhören und rechtzeitig die Bremse reinzuhauen.»

Damit Julians neuronales Netz möglichst schnell stark und stabil wird, ist der Weg über stationäre Primes unvermeidlich. Nur durch die möglichst häufige unbewusste Aktivierung kann er sein Vorhaben lernen und ist in der Lage, dieses Verhalten abzurufen, wenn er es benötigt. Julian bekommt von der Gruppe Ideen für stationäre Primes zu seinem Motto-Ziel: ein Plüschtierwolf, ein Modellmotorrad als Dekorationsstück, wolfsgraue Bettwäsche, neue Bikerstiefel, die er an einem sichtbaren Ort platziert, ein Wolfsposter, ein spezielles Duschgel. «Das ist zwar kein stationärer Prime, aber dennoch: Du kannst dir ja eine Jacke von Jack Wolfskin kaufen», merkt Stefan an. «Wie findest du das?» – «Coole Idee, Stefan, danke, Mann! Und wenn ich dann mit einer Frau an der Bar sitze, dann bestell ich etwas, das mich an Benzin erinnert, einen Whiskey oder so», lacht Julian. «Nein, nein, ich weiß schon, das kann ich gerne machen, aber das ist kein Priming!» Julian hat diesen Punkt sehr richtig erkannt, aber wenn das kein Priming ist, was ist es dann? Schließlich aktiviert der bestellte Drink ja auch das erwünschte Zielnetz.

Im ZRM-Training unterscheiden wir zwischen unbewussten Primes und bewussten Zielauslösern. Sie können sämtliche Gegenstände, die Sie für das unbewusste Lernen benutzen, auch immer dazu verwenden, in einer konkreten Situation ein Ziel zu aktivieren. «Für die Wirksamkeit des Priming ist es unwesentlich, ob man die Aufmerksamkeit bewusst auf etwas richtet oder ob die unbewusste Wachsamkeit des Selbst diese Aufgabe übernimmt. Auswirkungen hat dieses Vorgehen auf jeden Fall» (STORCH & KUHL, 2012, S. 226). Wenn Sie in eine Flirtsituation kommen und beispielsweise merken, wie Sie Ihr Mut verlässt, dann können Sie bewusst zu einem mobilen Prime greifen, um auf diese Weise Ihr Flirtnetz zu aktivieren. Oder Sie machen es wie Julian und bestellen sich an der Bar einen Zielauslöser. So wirken Annas neue Satinbettwäsche, das Bild einer Seerose in ihrer Boutique und der neue Fußabstreifer vor ihrer Haustür immer unbewusst im Hintergrund und bauen ihr Seerosen-Netz auf. Ihr Rosenarmband mit Glöckchen hingegen kann sie gezielt dann klingeln lassen, wenn sie einen interessanten Mann sieht und sich diesem Flirtmoment öffnen will.

Und nun sind Sie wieder an der Reihe. Schreiben Sie bitte in das Innere des nachgebildeten neuronalen Netzes Ihr Flirtmotto-Ziel. Wie beim Weihnachtsnetz können Sie nun rundherum sechs mobile und sechs stationäre Primes notieren, die Sie sich in den nächsten zwei Wochen anschaffen werden. Sie haben nun offiziell den Auftrag und die Erlaubnis, shoppen zu gehen. Dabei werden Sie merken, wie Ihnen automatisch Dinge ins Auge springen, die Sie zur Aktivierung Ihres Ziels einsetzen können. Wir wünschen Ihnen viel Spaß!

Priming

Schreiben Sie bitte um Ihr neuronales Flirtnetz sechs mobile und sechs stationäre Primes auf, die dieses aktivieren.

Mein Flirtmotto-Ziel:

....

....

....

Zum Schluss dieses Abschnitts geben wir Ihnen noch eine Idee mit auf den Weg. Zusätzlich zu Ihren eigenen Neuanschaffungen haben Sie die Möglichkeit, das Beschaffen von Priming-Gegenständen an Ihre Umwelt abzugeben. Verkünden Sie in Ihrem Bekannten- und Verwandtenkreis, dass Sie Gegenstände sammeln, die mit Ihrem Flirtmotto-Ziel in Verbindung stehen. Letzteres können Sie verschweigen, Sie brauchen niemandem zu erzählen, was es damit auf sich hat. Wenn Sie das nächste Mal gefragt werden, was Sie sich zum Geburtstag wünschen, dann sagen Sie einfach: «Solange es rot/blau/glitzernd/duftend oder mit Tigern/Himbeeren/Schmetterlingen zu tun hat, freue ich mich über alles, was kommt!» Dadurch sorgen Sie für einen regelmäßigen Nachschub neuer Primes. Sie werden bemerken, dass Ihre Bekannten und Verwandten für diese Art von Information dankbar sind. Einerseits vereinfachen Sie ihnen die Suche nach Geschenken und andererseits geben Sie ihnen dadurch die Möglichkeit, Ihnen eine echte Freude zu bereiten.

Ich, Julia Weber, praktiziere diese Technik schon seit mehreren Jahren. In meinem Bekannten- und Verwandtenkreis ist allgemein bekannt, dass man mir mit lila Gegenständen eine große Freude bereitet. So bin ich beispielsweise zu einem neuen lila Salatbesteck, einem lila Nachttisch, einem lila Regenschirm, lila Schmuck, einem lila Küchenmesser und lila Apéroschälchen gekommen. Es ist wirklich schön, die Augen meiner Beschenker zu sehen, wenn diese merken, dass ich mich über das Geschenk wirklich freue und sie die richtige Wahl getroffen haben.

Der Wenn-Dann-Plan

In Kapitel 2 haben Sie erfahren, dass das Unbewusste die Fähigkeit besitzt, Automatismen zu bilden. Sie haben sich ein schönes Flirtmotto-Ziel gebildet und sich mit Flirtprimes eingedeckt, um Ihr neues Flirtnetz zu stärken. Nun kann es aber dennoch sein, dass Ihre alten ungeliebten Nichtflirt-Automatismen Ihnen einen Strich durch Ihr Vorhaben machen. Um dem entgegenzuwirken, stellen wir Ihnen in diesem Kapitel eine Technik vor, wie man die Aktivierung alter Automatismen minimieren und so die Wahrscheinlichkeit des zielrealisierenden Handelns um ein Vielfaches erhöhen kann.

Der erste Schritt besteht darin, diese ungeliebten Automatismen zu entlarven. Dazu macht man sich Gedanken über Hindernisse, die einen davon abhalten könnten, sein Vorhaben umzusetzen. Man kann zwischen inneren und äußeren Hindernissen unterscheiden. Innere Hindernisse sind solche, die in einem selbst auftauchen, wie beispielsweise bei Manfred die eigene Schüchternheit, Monikas grübelnde Gedanken über die Konsequenzen oder Stefans Angst vor einem Misserfolg. Äußere Hindernisse sind hingegen solche, auf die Sie in Ihrer Umgebung stoßen. Das kann wie bei Anna der hektische Alltag, Julians Redefluss im Gespräch mit Frauen oder Charlottes vorschnelle Bewertung ihres männlichen Gegenübers sein. Vielleicht fällt es Ihnen ja besonders schwer zu flirten, wenn Sie nicht gestylt und schick gekleidet sind? Vielleicht halten Sie Ihre Selbstzweifel vom Flirten ab? Oder ist eher Ihre eigene Ideenlosigkeit, wie Sie den Flirt beginnen sollen, das größte Problem?

Wir stellen Ihnen in diesem Abschnitt eine Technik vor, wie Sie mit diesen Hindernissen umgehen können. Es handelt sich um die Wenn-Dann-Pläne. Die Wirkung von Wenn-Dann-Plänen wurde in Hunderten von Studien von Professor Peter GOLLWITZER (Überblick bei GOLLWITZER & SHEERAN, 2006) erforscht. Wenn-Dann-Pläne sind durch eine besondere sprachliche Formulierung gekennzeichnet: *Wenn X passiert, dann werde ich Y tun.* Formuliert man sich ein Vorhaben in dieser sprachlichen Form, dann greift man direkt auf die Ebene der unbewussten Automatismen zu. Solche Formulierungen verbinden eine Situation, die vom Ziel ablenken kann, im Unbewussten direkt mit dem erwünschten, zielrealisierenden Verhalten. Durch bewusste Planung ist man so in der Lage, direkt auf ungeliebte Automatismen zuzugreifen und sie durch ein erwünschtes Verhalten zu ersetzen. Wenn-Dann-Pläne können Sie nicht nur beim Flirten einsetzen. Sie bieten sich immer dann an, wenn man alte Automatismen umgehen und neue Handlungsweisen aufbauen will. Sie müssen Ihren Wenn-Dann-Plan nur einmal aufschreiben, und schon ist er im Unbewussten verankert.

Wenn-Dann-Pläne funktionieren, wie gesagt, in den verschiedensten Bereichen des menschlichen Lebens. In seinen Studien konnte GOLLWITZER beispielsweise nachweisen, dass durch einen entsprechenden Wenn-Dann-Plan wie *Wenn ich einen One-Night-Stand habe, dann benutze ich ein Kondom* das Safer-Sex-Verhalten der Probanden maßgeblich erhöht wurde. Lässt man eine Gruppe den Vorsatz fassen «Ich werde den öffentlichen Bus öfter benutzen» und eine zweite Gruppe zusätzlich den entsprechenden Wenn-Dann-Plan formulieren *Wenn ich die Haustüre verlasse, dann nehme ich den Bus*, fahren in der ersten Gruppe 37 Prozent und in der zweiten Gruppe 63 Prozent öfter mit dem Bus. Durch den Einsatz von Wenn-Dann-Plänen konnten Kinder, die an einem Aufmerksamkeitsdefizit leiden, genauso gute Testergebnisse erzielen wie gesunde Kinder: *Wenn ich eine neue Aufgabe beginne, dann bin ich ruhig und konzentriere mich.*

GOLLWITZER hat in einem Experiment seine männlichen Studierenden mithilfe von Wenn-Dann-Plänen dabei unterstützt, eine schöne Frau anzusprechen. Hierzu mussten die Studenten nur einmal den folgenden Satz auf ein Blatt schreiben: «Wenn ich eine schöne Frau sehe, dann spreche ich sie an.» Durch diese Formulierung war die Ansprechwahrscheinlichkeit um ein Vielfaches erhöht im Vergleich zu einer anderen Gruppe mit folgendem Satz: «Sehe ich eine schöne Frau, spreche ich sie an.» Durch die Wenn-Dann-Formulierung erhöhen Sie die Wahrscheinlichkeit, dass Ihnen das geplante Verhalten im entscheidenden Moment in den Sinn kommt. Ihr Hindernis wird dann zum Auslöser des erwünschten Verhaltens.

Ein Problem von Julian besteht darin, dass er sich zu sehr auf sich und seine Erzählungen konzentriert und seinem Gegenüber zu wenig Interesse und Aufmerksamkeit zukommen lässt. Für diese Situation bastelt sich Julian den folgenden Wenn-Dann-Plan: *Wenn ich eine Frau anspreche, dann stelle ich ihr drei Fragen und höre aufmerksam zu.* Bei Anna besteht die größte Gefahr darin, dass sie zu viel um die Ohren hat und durch dieses Stressgefühl passende Flirtmomente nicht erkennt. Ihr soll dieser Wenn-Dann-Plan helfen: *Wenn ich mich gestresst fühle, dann atme ich dreimal tief durch und schaue mich nach Flirtmomenten um.* Charlotte schreibt sich diesen Plan auf, um ihr neues Flirtmotto-Ziel umzusetzen und nicht wieder alten Automatismen zu erliegen: *Wenn ich einen Mann kennenlerne, dann bin ich neugierig und lasse mir Zeit.*

Wenn-Dann-Pläne sind eine fantastische Technik für das Selbstmanagement, und sie wirken umso besser, je stärker sie motivational verankert sind (SCHWEIGER-GALLO & GOLLWITZER, 2007). Daher können Sie Ihr Hindernis auch wunderbar direkt mit Ihrem Flirtmotto-Ziel verknüpfen und auf diese Weise zwei Fliegen mit einer Klappe schlagen. Einerseits verhindern Sie das Anspringen des alten Automatismus und andererseits erzeugen Sie in diesem Moment gute Gefühle.

Wenn-Dann-Pläne der sechs Typen

 Monika

Wenn beim Flirt grübelnde
Gedanken auftauchen,
dann zeige ich mein
schönstes Himbeerlächeln.

 Manfred

Wenn ich mich schüchtern
fühle, dann wecke ich
den Tiger in mir.

 Anna

Wenn ich mich gestresst
fühle, dann atme ich dreimal
tief durch und schaue mich
nach Flirtmomenten um.

 Stefan

Wenn ich eine Frau anspreche,
dann konzentriere ich mich
auf den belohnenden Duft
des Abenteuers.

 Charlotte

Wenn ich einen Mann
kennenlerne, dann bin ich
neugierig und lasse mir Zeit.

 Julian

Wenn ich eine Frau
anspreche, dann stelle ich
ihr drei Fragen und höre
aufmerksam zu.

Stefans Wenn-Dann-Plan hört sich folgendermaßen an: *Wenn ich eine Frau anspreche, dann konzentriere ich mich auf den belohnenden Duft des Abenteuers.* Manfred plant, die eigene Schüchternheit mit dem Tiger zu überwinden: *Wenn ich mich schüchtern fühle, dann wecke ich den Tiger in mir.* Monika stört am meisten, dass ihre immer wiederkehrenden Grübeleien sie davon abhalten, sich mit einem guten Gefühl auf das Jetzt und das Gegenüber zu konzentrieren und die Situation zu genießen. Hierfür schreibt sie den folgenden Wenn-Dann-Plan auf: *Wenn beim Flirt grübelnde Gedanken auftauchen, dann zeige ich mein schönstes Himbeerlächeln.*

Nun sind Sie wieder an der Reihe. Identifizieren Sie bitte zuerst drei Hindernisse, die Sie von Ihrem Flirtvorhaben abhalten könnten. Das können innere oder äußere Hindernisse sein. Dann schreiben Sie sich für jedes der drei gewählten Hindernisse einen Wenn-Dann-Plan auf. Nach dem Wenn schreiben Sie das Hindernis hin, darauf folgt nach dem Dann Ihr geplantes erwünschtes Verhalten. Wie gesagt, Sie müssen Ihren Wenn-Dann-Plan nur einmal aufschreiben, um den Rest kümmert sich Ihr Unbewusstes.

Ihre Wenn-Dann-Pläne

Arbeitsblatt

1. Mein erstes Hindernis:

....

▪ Mein dazu passender Wenn-Dann-Plan:

....

....

....

2. Mein zweites Hindernis:

....

▪ Mein dazu passender Wenn-Dann-Plan:

....

....

....

3. Mein dritttes Hindernis:

....

▪ Mein dazu passender Wenn-Dann-Plan:

....

....

....

Kapitel sieben

Wie integriere ich das Flirten sicher in meinen Alltag

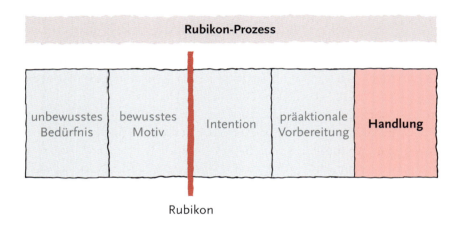

Rubikon

Nun kommen wir zur letzten Phase des Rubikon-Prozesses: die Handlung. Dies ist der Zeitpunkt, an dem Sie die Frucht, die Sie in den vorangegangenen Kapiteln gepflanzt, gepflegt und mit Nährstoffen versehen haben, ernten können. Jetzt gilt es, das erworbene Wissen in Handeln umzusetzen. Sie dürfen nun beginnen zu flirten! Bevor wir Sie aber mit Ihrem Flirtmotto-Ziel, Ihren vielen Primes und Ihren Wenn-Dann-Plänen in die große weite Welt hinausschicken, möchten wir Ihnen noch eine wichtige Information an die Hand geben. Im ZRM-Training unterscheiden wir drei verschiedene Situationen, die auf Sie zukommen können. In diesem abschließenden Kapitel erklären wir Ihnen, worin sich diese Situationstypen unterscheiden und wie Sie adäquat auf sie reagieren sollten, damit die Umsetzungswahrscheinlichkeit Ihres Flirtvorhabens möglichst hoch ist.

Bis Sie zuverlässig auf Ihr neues Flirtnetz zurückgreifen und dieses bei Bedarf abrufen können, vergehen in der Regel sechs Monate. Das heißt jetzt nicht, dass Sie die nächsten sechs Monate noch nicht flirten dürfen. Ganz und gar nicht, im Gegenteil! Flirten Sie, so viel und so oft Sie wollen. Aber grämen Sie sich bitte nicht, falls mal etwas schief läuft oder nicht ganz so ausgeht, wie Sie es vorhatten. Wie wir bereits gesagt haben, laufen beim Lernen im Gehirn immer dieselben Mechanismen ab. Es kommt nicht drauf an, ob man Russisch sprechen, Gitarre spielen oder eben Flirten lernen will. Dem Gehirn ist das egal.

Immer wieder treffen wir in unserer Arbeit auf Menschen, die in psychischen oder psychologischen Bereichen sehr ungeduldig mit sich selbst sind. Sie sagen dann Dinge wie: «Ich hab das ja jetzt kapiert, ich weiß ja, was ich will und worauf ich achten muss. Also muss ich das ja jetzt auch können!» Wir erklären dann immer, dass nur eine bloße Erkenntnis noch kein Lernen ist. In nichtpsychischen Bereichen akzeptieren die Menschen sehr schnell, dass Lernen eben Zeit braucht. Wenn man Spanisch lernen will, so ist es vollkommen klar, dass man Spanisch nicht einfach so mal eben durch das Lesen eines Buchs oder das Besuchen eines Kurses beherrschen kann. Wenn Sie sich zum Ziel setzen, an einem Marathon teilzunehmen, dann ist es auch klar, dass da eine Woche Vorbereitungstraining nicht ausreicht, damit Sie den Marathon bis zu Ende laufen. Natürlich können Sie es versuchen, aber wenn Sie dann nach zehn Kilometer zusammenbrechen, würden Sie auch niemals auf die Idee kommen, sich selbst vorzuwerfen: «Wenn ich nur wirklich gewollt hätte! Dann hätte ich es schaffen können, ich habe mich nur nicht genug angestrengt!» Genau diesen Fehler machen aber viele, wenn es um ihre Psyche geht.

Einfache Situationen

Vielleicht haben Sie bereits kleinere oder größere Veränderungen in Ihrem Flirtverhalten bemerkt. Haben Sie eine Flirtsituation erkannt und genutzt? Dem Busfahrer ein Lächeln geschenkt? Mit Ihrem Sitznachbarn im Zug ein interessantes Gespräch geführt oder auch nur Ihren Sitzplatz unter Flirtgesichtspunkten ausgesucht? Haben Sie bei Ihrem letzten Restaurantbesuch der Kellnerin ein Lächeln entlocken können? Konnten Sie Ihr

Selbstbewusstsein einige Minuten länger aufrechterhalten und Ruhe bewahren? Überlegen Sie sich bitte an dieser Stelle, ob Sie schon kleine Miniveränderungen in Ihrem Verhalten bemerkt haben. Das muss noch nichts Weltbewegendes sein.

Anna meldet sich hier zu Wort: «Also, ich weiß nicht, ob das zählt, aber gestern auf dem Weg zu einem Lieferanten stand ich mit meinem Auto an einer roten Ampel. Ich kann rote Ampeln nicht leiden, die halten mich in meinem Fluss auf. Dies war schon der fünfte Termin an diesem Tag, und ich war zeitlich knapp dran. Wisst ihr, ich kümmere mich gerade um die Frühlingskollektion meiner Boutique. Aber jetzt zurück zur Geschichte. Ich wollte mich gerade über die rote Ampel ärgern. Da machte es pling in meinem Kopf, ich atmete dreimal tief durch und guckte auf die Nebenspur. Und da saß ein netter Mann im Auto, der mich anschaute. Wir lächelten uns an und ...», Anna hob ihre linke Augenbraue, «...dann wurde die Ampel grün und wir fuhren los, ich gerade aus, er ist links abgebogen. Also, das war ja jetzt nichts Großes, aber ist das so etwas, wovon ihr sprecht?»

Aus neurobiologischer Sicht ist Annas Reaktion aus mehreren Gründen eine großartige Leistung. Zuerst einmal hat ihr Unbewusstes eine Situation identifiziert, in der Anna ihr Flirtmotto-Ziel umsetzen kann. Zweitens hat es das Anspringen des alten, unerwünschten «Ich bin gestresst und übersehe Flirtmomente»-Netzes verhindert und sogleich das neue noch junge Seerosen-Netz aktiviert. Annas Gehirn hat dann drittens auch noch dafür gesorgt, dass sie sofort in Handlung übergehen und ihr Flirtvorhaben, aus einem Hektikgefühl heraus nach Flirtmomenten Ausschau zu halten, umsetzen konnte. Und Anna wurde in diesem Fall dann auch noch fündig und mit einem netten Lächeln belohnt.

Wenn es Ihnen selbst nun in den nächsten Tagen oder Wochen gelingt, in einfachen Situationen zielrealisierend zu handeln, dann sind folgende zwei Punkte wichtig. Erstens müssen Sie sie bemerken! Nehmen Sie bitte wahr, wenn Sie anders handeln, denken oder fühlen. Der einzige Fehler, den man im Umgang mit diesen einfachen Situationen machen kann, besteht darin, dass man sie nicht bemerkt oder als zu einfach einstuft und sich sagt «Ach was, das war doch nichts!» Der zweite wichtige Punkt im Umgang mit diesen einfachen Situationen ist, dass Sie sich für Ihr neues Verhalten loben. Das menschliche Gehirn lernt auf zwei Arten. Die eine Art ist durch starken Misserfolg. Wenn Sie einmal auf eine heiße Herdplatte gefasst haben, hat sich dieses Erlebnis wortwörtlich so eingebrannt, dass Sie in Zukunft eine Wiederholung Ihres Verhaltens vermeiden werden. Die zweite Art ist durch Lob. Durch Lob geben Sie Ihrem Gehirn die Möglichkeit zu bemerken, dass das soeben gezeigte Verhalten gut für Sie und Ihr Wohlbefinden ist. Daraufhin wird das Gehirn versuchen, in solchen oder ähnlichen Situationen das gelobte Verhalten wieder zu zeigen.

Klopfen Sie sich auf die Schulter und sagen Sie zu sich selbst:

Wir haben schon mehrmals davon gesprochen, dass es ungefähr sechs Monate geht, bis etwas Neues gelernt ist, bis sich ein neues neuronales Netz soweit gefestigt hat, dass Sie darauf zurückgreifen können, wenn Sie es wollen und brauchen. Schenken Sie Ihrem neuen Verhalten Aufmerksamkeit und Lob, so beschleunigen Sie diesen Lernvorgang. Wenn Sie wollen, können Sie dazu eine bestimmte Aufmerksamkeitstechnik anwenden. Hierzu eine kleine Geschichte: Es war einmal im Orient ein weiser, alter Mann, der immer sehr glücklich und zufrieden war. Eines Tages kamen drei Männer zu ihm und fragten: «Oh Meister, erzähle uns bitte dein Geheimnis. Wie machst du es nur, dass du immer so glücklich, zufrieden und ausgeglichen bist?» Der Weise lächelte und sprach: «Gerne werde ich es euch erzählen, setzt euch zu mir. Es ist das Geheimnis der roten Bohnen. Jeden Morgen, wenn ich aufstehe, nehme ich eine handvoll rote Bohnen in meine rechte Hosentasche. Immer wenn mir etwas Schönes passiert, mich etwas zum Lächeln bringt oder ich auf eine freundliche Person treffe, nehme ich eine rote Bohne aus meiner rechten Hosentasche und stecke sie in meine linke Hosentasche. Wenn ich am Abend ins Bett gehe, nehme ich die Ernte des Tages aus meiner linken Tasche und erinnere mich an jede Situation, die schöne Gefühle in mir hervorbrachte. Und so kommt es, dass ich jeden Abend zufrieden und glücklich einschlafe.»

Sie können diese Technik nun für einfache Situationen anwenden, in denen Ihr zielrealisierendes Handeln geglückt ist. Dazu müssen Sie nicht unbedingt rote Bohnen nehmen. Koppeln Sie doch diesen Aufmerksamkeitsspeicher gleich mittels Priming an Ihr Flirtmotto-Ziel an. Monika trägt immer eine Handvoll himbeerrote Perlen in ihren Taschen und lässt immer eine auf die linke Seite wandern, wenn sie einem Mann ihr Himbeerlächeln geschenkt hat. Stefan hat in sein iPhone ein Tool installiert, in dem er Düfte sammelt. «Immer wenn ich eine Frau anspreche und ihren Duft erhasche, gibt es eine neue Blüte auf meinem iPhone. Natürlich hat nicht jede Frau den gleichen Duft, aber ich hab ja zum Glück auch mehrere Blüten zur Auswahl», grinst Stefan. Wie Stefan wendet Charlotte für diese Aufmerksamkeitstechnik Blüten an: «Wenn du erlaubst, werde ich das Gleiche machen wie du. Kannst du mir nachher mal zeigen, wie das genau funktioniert?» Anna installiert sich einen stationären Aufmerksamkeitsspeicher: «Ich werde mir in meiner Boutique zwei Gläser mit leuchtenden Steinen aufstellen und lasse bei jedem identifizierten Flirtmoment einen Stein vom einen Glas in das andere wandern», freut sich Anna. Manfred blickt fragend zu Julian: «Fällt dir auch nichts ein? Ich werde vorerst einfach nur mit diesen Bohnen arbeiten, das geht doch auch, oder?» Natürlich geht das, man muss diese Technik nicht unbedingt mit Primes ausführen. Wichtig ist nur, dass man seine einfachen geglückten Situationen in einem Aufmerksamkeitsspeicher festhält.

Lassen Sie Ihrer Fantasie freien Lauf, arbeiten Sie so, wie es Ihnen gefällt und zu Ihnen passt. Bis Sie ein wenig Übung in dieser Technik haben, fällt es Ihnen zu Beginn jedoch wahrscheinlich leichter, wenn Sie die ersten vier Wochen Ihre Erfolge in das gleich folgende Arbeitsblatt eintragen. Legen Sie dazu am besten das Buch neben Ihr Bett und tragen Sie abends immer mindestens eine Situation ein, die Ihnen in Bezug auf Ihr Flirtmotto-Ziel geglückt ist. Wenn Sie erst mal Ihre Aufmerksamkeit auf diese Weise trainiert haben, werden Sie merken, wie es mit der Zeit immer einfacher wird. Sie werden dann automatisch Dinge stärker wahrnehmen, die mit der Realisierung Ihres Ziels zusammenhängen. Dinge, die Sie davon abbringen, oder Misserfolge werden durch diese Technik nicht mehr so stark gewichtet.

Ihr Aufmerksamkeitsspeicher für einfache Situationen

Arbeitsblatt

1. Woche

Mein Erfolg ....

Mein Erfolg ....

Mein Erfolg ....

Mein Erfolg ....

Mein Erfolg ....

Mein Erfolg ....

Mein Erfolg ....

2. Woche

Mein Erfolg ....

Mein Erfolg ....

Mein Erfolg ....

Mein Erfolg ....

Mein Erfolg ....

Mein Erfolg ....

Mein Erfolg ....

3. Woche

Mein Erfolg ....

Mein Erfolg ....

Mein Erfolg ....

Mein Erfolg ....

Mein Erfolg ....

Mein Erfolg ....

Mein Erfolg ....

4. Woche

Mein Erfolg ....

Mein Erfolg ....

Mein Erfolg ....

Mein Erfolg ....

Mein Erfolg ....

Mein Erfolg ....

Mein Erfolg ....

Planbare Situationen

Wie Sie gesehen haben, können Sie in vielen Situationen Ihr Flirtmotto-Ziel schon fast wie von selbst umsetzen. Sie werden jedoch auch auf Situationen treffen, in denen es schwer fällt, zielrealisierend zu handeln. Sofern diese vorhersehbar sind, haben sie alle einen wichtigen Punkt gemeinsam: Sie sind planbar. Das kann beispielsweise der nächste Aufenthalt in der Lieblingsbar sein, wo dieser süße Kellner arbeitet, oder auch der nächste Besuch im Fitnesscenter, in dem die nette Trainerin häufig anzutreffen ist. Erst wenn einem bewusst ist, in welchen Situationen man seinem Flirtmotto-Ziel entsprechend handeln will, hat man die Möglichkeit, diese Situation im Voraus zu planen und vorzubereiten. Damit beschäftigen wir uns in diesem Abschnitt.

Jetzt ist Ihr Verstand gefordert, jetzt kann er zeigen, was in ihm steckt. Die einzelnen Schritte müssen sorgfältig überlegt, geplant und notiert werden, damit Sie Sicherheit in Ihrem neuen Verhalten gewinnen können, sehen, was möglich ist, oder spüren, wo Sie sich für den Anfang vielleicht noch zu viel zutrauen. Denken Sie bitte an die Neigung vieler Menschen, bei der gedanklichen Vorausplanung einer Handlung zu leichtfertig zu sein. Jetzt zählt es, Details in der Planung zu beachten, um möglichst viele Unwägbarkeiten von vornherein auszuschließen. Je besser Sie Ihre Situationen analysieren, planen und vorbereiten, umso größer ist die Wahrscheinlichkeit, dass Sie Erfolg haben werden. Mit einer gewissen Routine werden Sie später ähnliche Situationen ohne Probleme meistern, aber für den Anfang ist die Vorbereitung unerlässlich.

Manfreds ausgewählte Situation ist sein nächster Besuch in seiner Lieblingsbücherei, in der eine nette Verkäuferin arbeitet. «Ich hatte schon mehrere interessante Gespräche mit dieser Frau, habe mich aber nie getraut, sie zu einem Kaffee einzuladen, weil ich die Sorge hatte, aufdringlich zu wirken.» Bei seinem nächsten Besuch wird Manfred seine neuen Puma-Schuhe anziehen. «Zum Frühstück werde ich mir eine Extraportion Tigermüsli gönnen», lacht Manfred selbstbewusst. In der Bücherei wird er sich ein Buch aussuchen, das in Beziehung zu seinem Flirtmotto-Ziel steht. «Ich denke, meinem Unbewussten werden da schon ein paar Titel ins Auge springen.» Über das ausgewählte Buch will Manfred dann mit der Verkäuferin ein Gespräch beginnen. Manfred hat sich für diese Situation

gleich zwei Wenn-Dann-Pläne formuliert. Der eine bezieht sich auf seine Schüchternheit: *Wenn ich die Angst kommen spüre, dann aktiviere ich meinen Tiger.* Der zweite bezieht sich auf die Einladung der Dame: *Wenn Sie mich anlächelt, dann lade ich sie auf einen Kaffee ein.* «Ich fühle mich mit diesen Maßnahmen gut vorbereitet. Und wenn es noch nicht klappen sollte, dann probier ich's einfach ein zweites Mal, sie kann mir ja nicht davonlaufen, sie arbeitet ja dort», grinst Manfred.

«In zwei Wochen gehe ich auf einen Kongress für Schönheitsmedizin», sagt Charlotte «Das ist, glaube ich, ein guter Anlass, um meinen neugierigen Schmetterling losfliegen zu lassen.» Für diese planbare Situation schreibt sie folgende mobile Primes auf: ein bunter Ring, pastellfarbener Nagellack, ein Schmetterling am Schlüsselanhänger, lotusleuchtende Ohrringe. «Dann werde ich mir noch ein schönes, luftiges Sommerkleid kaufen und es an diesem Tag tragen, da besorg ich mir ein ganz exklusives Teil», freut sich Charlotte schon jetzt. Als Zielauslöser wird sie sich beim Kongress Fruchtnektar bestellen. Charlottes Wenn-Dann-Plan für diesen Tag lautet: *Wenn ich mich auf einer interessanten Blüte niederlasse, dann betrachte ich ihre ganze bunte Vielfalt.* «Ich hoffe, das ist nicht zu abstrakt für einen Wenn-Dann-Plan», sagt sie nicht ganz ernst gemeint. Unterstützung durch Dritte ist für Charlotte hier nicht nötig. «Ich glaube, ich will mich jetzt erst mal auf Erkundungsflug begeben, das mache ich allein.»

Im Folgenden zeigen wir Ihnen anhand von Stefans Arbeitsblättern ganz konkret, wie er die gewählte Situation analysiert und plant.

Beschreibung der gewählten Situation von Stefan

Arbeitsblatt

Meine gewählte planbare Situation:
Meine nächste Tangotanzveranstaltung, das wird nächste Woche
Samstag sein.

Wie sieht cie Situation genau aus? Findet die Situation zu
einem bestimmten Zeitpunkt statt? Ist es vielleicht ein bestimmter
Anlass wie beispielsweise eine Hochzeit oder Geburtstag?
Tanzveranstaltung, Situation und Ablauf sind mir vertraut.

Werden Sie in einem Café oder Restaurant, bei der Arbeit,
im Fitnesscenter oder bei sich zu Hause sein?
Stellen Sie sich den Ort bitte möglichst genau vor.
Tanzhalle, großer Saal, viele Menschen

Welche Menschen werden da sein? Ihre Arbeitskollegen,
Fremde, Ihre Familie oder nur Sie und die auserwählte Person?
In welcher Beziehung stehen Sie zu diesen Personen?
Kennen Sie die Menschen oder sind Sie Ihnen fremd?
Die meisten sind mir fremd, das Publikum ist immer sehr gemischt,
die Frauen sind potenzielle Tanzpartnerinnen. Habe zu zwei Männern
eine freundschaftliche Beziehung, einer von beiden ist meistens da.

Gibt es wichtige Rahmenbedingungen, die Sie beachten müssen?
Oder müssen Sie mit zusätzlichen Erschwernissen bei ihrer Umset-
zung rechnen? Sind Sie unter Zeitdruck? Gestresst oder müde?
Ich muss als Mann auffordern, weiß nie, wie die Frau reagiert,
kann das schlecht einschätzen, und das verunsicherte mich bisher.
Ich kann nicht berechnen, wann ein Korb kommt.

Wie möchten Sie sich in dieser Situation verhalten?
Wie möchten Sie sich gerne fühlen? In welcher Stimmung oder
emotionalen Verfassung möchten Sie gerne sein?
Sicher und souverän, ich möchte mich als abenteuerlicher
Duftsammler fühlen.

Planung der gewählten Situation von Stefan

Arbeitsblatt

Meine gewählte planbare Situation:
Die nächste Tangotanzveranstaltung

Folgende Gegenstände werde ich einsetzen,
um mein Flirtmotto-Ziel in dieser Situation zu aktivieren:

▪ Stationäre Primes: Kann ich in dieser Situation nicht benutzen.

▪ Mobile Primes: Meine neuen Tanzschuhe, mein neues Parfum,
ein Torero-Hemd

▪ Zielauslöser: Nehme eine Flasche Holunderblütensprudel mit
und trinke bei Bedarf daraus.

Auf folgende Weise werde ich mir Unterstützung
durch Dritte sichern:

Ich schlag meinen Bekannten folgenden Wettkampf vor: Wer die
bestduftende Frau des Abends findet, kriegt einen Cuba Libre!

Auf folgende Gefahr muss ich besonders achten:

Dass ich nach einem Korb nicht in ein altes Muster falle
und sofort niedergeschlagen nach Hause gehe.

Mein Wenn-Dann-Plan für diese Gefahr/Situation:

Wenn ich einen Korb erhalten habe, dann suche ich mir eine
neue duftende Blüte und lasse mich von ihrem Duft belohnen.

Wie Stefan können Sie nun entsprechend Ihrer gewählten Situation die folgenden zwei Arbeitsblätter ausfüllen. Zuerst analysieren Sie bitte die Situation, wie es auf dem ersten Arbeitsblatt beschrieben ist. Gehen Sie Punkt für Punkt durch und stellen Sie sich die Situation möglichst klar und detailliert vor. Nach diesem Schritt können Sie sich um die Planung kümmern. Die Abfolge der einzelnen Schritte sollten Sie sorgfältig beachten. Falls es sich bei Ihnen um eine Situation an einem Ort handelt, den Sie mit stationären Primes vorbereiten können, dann denken Sie bitte auch an diese Möglichkeit. Vielleicht handelt es sich ja um eine Einladung bei Ihnen zu Hause? Wählen Sie Ihren Sitzplatz überlegt und platzieren Sie Primes in Ihrem Blickfeld. Sie können auch ein Essen kochen, das zu Ihrem Flirtmotto-Ziel passt. Wie immer sind der Fantasie keine Grenzen gesetzt. Vielleicht geht es Ihnen um Ihr Flirtverhalten bei der Arbeit? Wo haben Sie Möglichkeiten, Primes zu installieren? Machen Sie sich strategische Gedanken. Wo werden Sie sitzen? Wo werden Sie sich bewegen? Wie können Sie die Umgebung so verändern und nutzen, dass die Aktivierung Ihres Flirtmotto-Ziels möglichst einfach gelingt?

Welche wissenschaftliche Absicht steht hinter diesen beiden Arbeitsblättern? Allein schon durch das mentale Befassen mit der Situation kann diese bei ihrem Auftreten zum Auslösereiz für die Aktivierung des Ziels werden (GOLLWITZER, 2006). Wir wünschen Ihnen jetzt schon viel Erfolg in dieser konkreten Situation. Falls es dann aber doch nicht so klappen sollte, wie Sie es geplant haben, analysieren Sie bitte im Rückblick die Situation daraufhin, an welcher Stelle ein Hindernis aufgetaucht ist. Nehmen Sie beim nächsten Mal zwei Primes mehr als Vorrat mit und bauen Sie sich noch einen Wenn-Dann-Plan für genau dieses weitere Hindernis.

Beschreibung der gewählten Situation

Arbeitsblatt

Meine gewählte planbare Situation:

....

....

Wie sieht die Situation genau aus? Findet die Situation zu
einem bestimmten Zeitpunkt statt? Ist es vielleicht ein bestimmter
Anlass wie beispielsweise eine Hochzeit oder Geburtstag?

....

Werden Sie in einem Café oder Restaurant, bei der Arbeit,
im Fitnesscenter oder bei sich zu Hause sein?
Stellen Sie sich den Ort bitte möglichst genau vor.

....

Welche Menschen werden da sein? Ihre Arbeitskollegen,
Fremde, Ihre Familie oder nur Sie und die auserwählte Person?
In welcher Beziehung stehen Sie zu diesen Personen?
Kennen Sie die Menschen oder sind Sie Ihnen fremd?

....

....

....

Gibt es wichtige Rahmenbedingungen, die Sie beachten müssen?
Oder müssen Sie mit zusätzlichen Erschwernissen bei ihrer Umsetzung rechnen? Sind Sie unter Zeitdruck? Gestresst oder müde?

....

....

....

Wie möchten Sie sich in dieser Situation verhalten?
Wie möchten Sie sich gerne fühlen? In welcher Stimmung oder
emotionalen Verfassung möchten Sie gerne sein?

....

....

Planung der gewählten Situation

Arbeitsblatt

Meine gewählte planbare Situation:

....

....

Folgende Gegenstände werde ich einsetzen,
um mein Flirtmotto-Ziel in dieser Situation zu aktivieren:

▨ Stationäre Primes: ....

....

▨ Mobile Primes: ....

....

▨ Zielauslöser: ....

....

Auf folgende Weise werde ich mir Unterstützung
durch Dritte sichern:

....

....

Auf folgende Gefahr muss ich besonders achten:

....

....

Mein Wenn-Dann-Plan für diese Gefahr / Situation:

....

....

Überraschende Situationen

Sie haben nun einfache und planbare Situationen kennengelernt und wissen, wie Sie mit diesen umgehen können. In Ihrem Flirtalltag werden Sie jedoch auch immer wieder auf den dritten Situationstyp treffen, den wir Ihnen in diesem Abschnitt vorstellen. Das sind die überraschenden Situationen, also die, die Sie nicht vorhergesehen haben. Diese Situationen haben gemeinsam, dass man sie erstens nicht planen kann und dass man sie zweitens oftmals erst im Nachhinein erkennt. In überraschenden Situationen ist die Wahrscheinlichkeit, dass ein altes, ungeliebtes neuronales Netz aktiviert wird, relativ hoch. Man reagiert dann so wie immer und ärgert sich danach, dass man sich wieder einmal so verhalten hat, wie man es doch nicht mehr wollte.

«Ich glaube, ich habe gestern eine überraschende Situation erlebt», meldet sich Manfred. «Ich stand bei Ikea in der Küchenabteilung und wollte mir einen neuen Kochtopf kaufen. Da gibt es ja eine große Auswahl. Ich war gerade in die Suche nach dem optimalen Topf vertieft und hielt einen in den Händen, als plötzlich eine Frau vor mir stand und sagte: ‹Haben Sie denn für diesen Topf schon den passenden Deckel?› Sie lächelte mich, glaube ich, dabei sogar ein wenig an», erzählt er und errötet dabei leicht. «Ja, und was mach ich, ich Esel! Ähmm, ähmm, stotter, stotter, ‹ich denk das ist der hier›, und zeig auf den entsprechenden Deckel. Und weg war sie. Ich hab erst im Nachhinein gemerkt, dass sie mich ja mit diesem Spruch angeflirtet hat, und mich über meine Reaktion und die verpasste Gelegenheit geärgert. Die Frau sah nämlich richtig nett aus.» Manfreds Geschichte ist ein sehr schönes Beispiel für eine überraschende Situation.

Viele Menschen reagieren ähnlich wie Manfred, wenn ihnen eine überraschende Situation begegnet ist: Sie ärgern sich über ihre Reaktion, machen sich Gedanken, warum sie so und nicht anders gehandelt haben, und hängen auf diese Weise dem Misserfolgsgefühl nach. Wissenschaftlich ausgedrückt halten sie dann die Refraktärzeit des negativen Affekts aufrecht. Diese Fähigkeit hat als einziges Lebewesen auf diesem Planeten nur der Mensch. Evolutionspsychologisch ist diese Reaktion jedoch völlig unnötig. Wichtig ist, dass man die Situation erkennt und analysiert, damit man den gleichen Fehler nicht zweimal macht. Das tagelange Herumlaufen mit hängenden Schultern und heruntergezogenen Mundwinkeln ist überflüssig.

Wie geht man mit diesem Situationstyp um? Was gilt es zu beachten? Wie bei den einfachen Situationen ist es als Erstes wichtig, dass man erkennt, dass das soeben Erlebte eine überraschende Situation war. Zweitens ärgert man sich maximal eine Minute über seine Reaktion, und drittens notiert man sich die Situation. Das war's, mehr ist in diesem Moment nicht zu tun. Wenn man mindestens sechs überraschende Situationen erlebt und aufgeschrieben hat, kann man sich an die Analyse machen. Es kann gut sein, dass ein Faktor in den überraschenden Situationen immer wieder auftaucht. Vielleicht trifft man immer am gleichen Ort auf überraschende Situationen? Oder hängen diese Überraschungsmomente immer mit einer bestimmten Person zusammen? Falls man bei der ersten Analyse noch keine gemeinsamen Faktoren gefunden hat, sammelt man einfach noch ein paar weitere. Im ZRM nennen wir diesen Schritt das Identifizieren von Warnsignalen. Was ist unmittelbar vor der überraschenden Situation passiert? Welche Menschen waren daran beteiligt? Um welchen Wochentag handelt es sich? Und für alle Frauen: In welcher Phase Ihres Zyklus befinden Sie sich gerade?

Haben Sie ein Warnsignal oder mehrere gemeinsame Warnsignale gefunden, machen Sie aus einer überraschenden eine planbare Situation, auf die Sie sich, wie im letzten Kapitel beschrieben, konkret vorbereiten können. Wir unterscheiden zwischen inneren Warnsignalen – wie beispielsweise Hunger, Stress oder Müdigkeit – und äußeren Warnsignalen – wie beispielsweise Sonntagnachmittage, eine bestimmte Arbeitskollegin oder ein übervoller Wochenplaner. «Ha, dann hab ich ja schon das erste Warnsignal bei mir identifiziert», unterbricht Anna den Theorie-Input. «Wenn ich meine Wochenplanung mache und sich ein Termin an den anderen reiht, dann krieg ich dieses Hektikgefühl und bin für nichts mehr zu gebrauchen. Das kommt bei mir schon öfter mal vor, so oft, dass ich diesem Wochentyp sogar einen eigenen Namen gegeben habe. Das sind meine Hurrikanwochen, weil ich da besonders viel wirbeln muss», erklärt sie der Runde und muss selbst dabei lachen.

Es gibt auch überraschende Situationen, die Ihnen nur einmal in Ihrem Leben passieren und bei denen Sie durch Analyse keine Warnsignale ausfindig machen können. Ihnen werden sicher immer wieder überraschende Situationen begegnen. Mit der entsprechenden Routine und Ihrem starken neuronalen Flirtnetz werden diese Sie künftig nicht mehr aus der Bahn werfen. Es kann sogar so weit gehen, dass Sie erst im Nachhinein bemerken, dass Ihnen gerade eine überraschende Situation untergekommen ist und Sie cool und gelassen damit umgegangen sind.

Sie sehen hier das Warnsignalsammlung-Flipchart, das durch Zurufe der Teilnehmenden entstanden ist. Es handelt sich um keine abgeschlossene Liste, sondern soll Ihnen lediglich als ein großer Ideenkorb dienen.

Warnsignalsammlung

Innere	Äußere
Schlafmangel	«Hurrikanwochen»
Zu wenig Zeit für mich selbst	Zu viele Menschen, die mich beobachten können
Fühle mich unattraktiv	Rote Ampeln
Stressgefühl	Schlechtes Wetter
Weiche Knie	Ungestylt, im Schlabberlook
Grübelnde Gedanken	Blonde Frauen
Hunger, Durst	Zu wenig Menschen, ich falle auf
Augenbrauen zusammenziehen	Stau
Heißhunger auf Süßes	Der dritte Long Island Ice Tea
Schlechter Tanztag	Arbeitskollegen in der Nähe
Schnellerer Atem	Gänsehaut
Nackenhaare stellen sich auf	Zu laute Musik, wenn ich schreien muss

Das folgende Arbeitsblatt gehört wie der Aufmerksamkeitsspeicher für einfache Situationen auf Ihren Nachttisch. Wenn Ihnen eine überraschende Situation begegnet ist, dann tragen Sie diese bitte ein, sammeln weitere Situationen und freuen sich über Ihre Ausbeute. Denn erst nach einer gewissen Anzahl lohnt es sich, diese auf Gemeinsamkeiten zu überprüfen und auszuwerten.

Analyse der überraschenden Situation

Arbeitsblatt

Bei der folgenden überraschenden Situation
hat es mich «kalt erwischt» und ich bin in einen alten,
unerwünschten Automatismus gefallen:

1. ....

2. ....

3. ....

4. ....

5. ....

6. ....

Welche Gemeinsamkeiten im (Vor-) Verlauf dieser Situation
erkennen Sie?

....

....

Welche Warnsignale können Sie identifizieren
(innere und äussere)?

....

....

Welche Gegenmaßnahmen werden Sie ergreifen?

....

....

Iconics

Abschließend werden Sie nun noch eine Technik kennenlernen, die Sie gerade beim Flirten wunderbar anwenden können. Es geht darum, an eine Person oder Sache ein Bild – ein Iconic – zu imaginieren. Professor Walter MICHEL (MOORE, B., MICHEL, W. & ZEISS, A., 1976) untersuchte mit dieser Technik in einem Experiment, das wir Ihnen im Folgenden näher beschreiben, das Durchhaltevermögen von Kindern.

Die Kinder wurden nach dem Zufallsprinzip in die Kontrollgruppe oder die Versuchsgruppe eingeteilt und nahmen einzeln an dem Experiment teil. Zu Beginn wurde jedes einzelne Kind gefragt, was es am liebsten isst: Marshmallows, Cookies oder Salzbrezeln. Nachdem der Favorit bekannt war, wurde das Kind in einen Raum gebracht, in dem sich nur ein Tisch und ein Stuhl befanden. Auf dem Tisch lag ein Teller mit dem ausgewählten Lieblingssnack, also entweder ein Marshmallow, ein Cookie oder eine Salzbrezel. Der Versuchsleiter gab dem Kind folgende Anweisung: «Ich werde jetzt für ein paar Minuten den Raum verlassen. Wenn ich zurückkomme und du den Marshmallow / das Cookie / die Salzbrezel nicht gegessen hast, dann bekommst du als Belohnung noch mal eins davon. Wenn der Teller jedoch leer ist, bekommst du kein zweites.» Bei der Versuchsgruppe fügte er noch folgenden Satz an: «Stell dir einen Bilderrahmen um den Teller mit dem Marshmallow / dem Cookie / der Salzbrezel vor.» Dann verließ der Versuchsleiter den Raum, und das Kind war allein. Das Zimmer war mit versteckten Kameras ausgestattet, um so das Verhalten der Kinder beobachten zu können. Es ging darum, ob die Kinder so lange mit dem Verzehr warteten, bis der Versuchsleiter den Raum nach 15 Minuten wieder betrat. Die Kinder der Versuchsgruppe, die sich einen Bilderrahmen um den Teller vorstellten, konnten mehrheitlich warten, bis der Versuchsleiter zurückkam. In der Kontrollgruppe hingegen schafften es die wenigsten, der Versuchung zu widerstehen.

Die Anwendung des Iconics hat dazu geführt, dass die Kinder der Versuchsgruppe viel besser den Anweisungen des Versuchsleiters folgen konnten als die Kinder aus der Kontrollgruppe. Wie konnte das gelingen, was passierte dabei im Gehirn? Die Anweisung, sich bildhaft etwas vorzustellen, richtet sich an das Unbewusste. Das Unbewusste sieht die Versuchung auf dem Teller in einem Bilderrahmen abgebildet und sagt sich in etwa: «Bäh, das ist ein Bild, ein Foto auf Papier, das kann man nicht essen!»

Aus diesem Experiment können Sie Folgendes fürs Flirten ableiten: Was Kindern hilft, mit einer Situation besser umzugehen, kann auch Erwachsenen helfen. Sieht man einen potenziellen Flirtpartner, so imaginiert man ein Iconic, das die Umsetzung des eigenen Vorhabens unterstützt. Wieder einmal sind der Fantasie keine Grenzen gesetzt.

«Ich werde bei meinem Iconic gleich in der Pflanzenwelt bleiben», verkündet Anna der Gruppe, «aber ich hab mir was ganz Lustiges einfallen lassen, worauf ich mich jetzt schon freue. Meine Flirtpartner haben Kletten, an denen ich für den Moment kleben bleibe. Natürlich bestimme ich die Klettenhaftung und die Stärke und Länge der Widerhaken», freut sie sich über ihre eigene Idee. «Und ich mache alle meine Männer zu James Bond», sagt Charlotte, «bei dem sieht man auch nicht auf den ersten Blick, was alles in ihm steckt und welche Wunderwaffen er besitzt. Oder habe ich das falsch verstanden, und man darf nur ein Detail verändern?» Der Fantasie sind hier keine Grenzen gesetzt, jeder darf das wählen, was für ihn passt und das gewünschte Netz aktiviert.

«Ich nehme ein Boxenluder, wisst ihr wegen meinem Motorrad und so, also, ich denke, ihr wisst schon, was ich meine», druckst Julian herum. Da kommt ihm Manfred zur Hilfe: «Ja, das finde ich prima. Die Frau hat eine Flagge in der Hand und gibt dir das Signal für Start, Boxenstopp und Ziel und ist somit rennentscheidend.» Julian guckt erleichtert zu Manfred: «Du bist echt klasse, Mani!» Manfred verdreht leicht die Augen: «Ja, mag sein, wenn's um andere geht. Aber für mich selbst will und will mir nichts einfallen. Könnt ihr mir helfen?» Gerne spendet die Gruppe die unterschiedlichsten Ideen: sich die Frau als Tigerin vorstellen, sie als kleine weiße Maus sehen, ihr Tigeröhrchen imaginieren, sich einen Katzenschnurrbart vorstellen, ihr ein Glitzerhalsband umlegen und sie zum Schmusekätzchen machen. «Vielen Dank für eure Vorschläge. Ich bin mir zwar nicht sicher, ob ich das schaffe. Ihr kennt mich ja mittlerweile, ich bin eher der Verstandesmensch, aber ich will es gern mit den Tigeröhrchen versuchen.»

Monika stellt sich auf der Oberlippe ihres Flirtpartners einen Klecks Schlagsahne vor. «Ich möchte erst mal mit etwas Kleinem beginnen. Wisst ihr, Himbeeren mit Schlagsahne, mhhh, lecker. Auf diese Weise bin ich in einer lächelnden Stimmung, die mich dann hoffentlich nicht mehr so unnahbar wirken lässt. Falls das nicht reicht, kann ich es ja immer noch ändern, oder?» Bemerkt man, dass das Iconic nicht die gewünschte Wirkung hat, entweder zu schwach oder zu stark ist, kann man selbstverständlich die Imagination des Bildes so lange verändern, bis man mit dem Ergebnis zufrieden ist. «Und ich probier's mit einer großen roten Blüte, die ich der Frau hinters Ohr stecke», meldet sich Stefan. «Da weiß ich schon genau, wo ich riechen muss, um den Duft in die Nase zu bekommen.»

Iconics der sechs Typen

Monika

Schlagsahne auf Oberlippe

Manfred

Tiger-öhrchen

Anna

Klette (verschieden starke Klettstärken und verschieden lange Widerhaken)

Stefan

Ich steck der Frau eine große rote Blüte hinters Ohr

Charlotte

James Bond, dem sieht man auch nicht auf den ersten Blick an, was er alles kann und hat.

Julian

Boxenluder mit Flagge in der Hand

Ein letztes Mal sind Sie nun wieder dran. Sie können direkt in die Figur Ihr Iconic zeichnen, das Ihr gewünschtes Verhalten aktiviert.

Ihr Iconic

Arbeitsblatt

Zeichnen Sie an die folgende Figur das oder die Iconics,
welche Sie sich an Ihrem Flirtpartner vorstellen,
um Ihnen die Umsetzung des Vorhabens zu erleichtern.

...und wie es weiter ging

Vermutlich wollen Sie nun auch wissen, welche Erfolge unsere Typen in der Umsetzung ihres Flirtvorhabens verbuchen konnten. Die Typen, die wir Ihnen vorgestellt haben, wurden in Anlehnung an real existierende Personen aus unseren Kursen entwickelt. Zu diesen Personen hatten wir im Rahmen unseres Buchprojekts Kontakt, und wir können Ihnen daher erzählen, wie es nach dem Kurs weiterging.

Von Julian wissen wir, dass er nun gleich viel Erfolg bei den Frauen hat wie seine Kumpels. Seine ältere Schwester Maria besuchte einige Monate später einen unserer Kurse und richtete uns diese Information von Julian aus: «Ich hab meinen Bruder gefragt, was er denn in diesem Kurs gemacht hat, aber er hat immer nur gegrinst und gesagt, ich soll doch selber hingehen, er würde mir den Kurs zu Weihnachten schenken. Ja, und jetzt bin ich hier und sehr gespannt», sagt Maria. «Ich weiß ja nicht, ob das was mit eurem Kurs zu tun hat, aber ich habe das Gefühl, dass Julian etwas erwachsener geworden ist und sich auch mal zurücknehmen kann.»

Anna schickte mir ein kleines Päckchen mit einer lila Halskette und folgenden Zeilen:

Liebe Julia,

du wirst es nicht glauben, wie viele Männer Kletten an sich tragen :-)! Mittlerweile habe ich bereits die Möglichkeit, mich mit der Auslese zu beschäftigen. Meiner Seerose geht es prächtig: Sie leuchtet, strahlt und genießt ;-)!

Herzliche Grüße auch an Johannes

Anna

Wir hatten darauf hingewiesen, dass sich das Flirtmotto-Ziel auch noch ändern kann, dass es nicht in Stein gemeißelt ist. So erging es Monika, von der wir folgende E-Mail erhalten haben:

Betreff: Flirttraining-Kurs
Von: monika@himbeer-laecheln.ch
An: julia.weber@ismz.ch

Liebe Julia, lieber Johannes,

ich möchte mich nochmals bei euch für den Kurs bedanken und möchte
euch darüber informieren, dass sich mein Flirtmotto-Ziel ein wenig
geändert hat.

Eine Woche nach dem Kurs merkte ich, dass mein Himbeerlächelnd
gehe ich durchs Leben ein Minigefühl von Anstrengung bei mir auslöste.
Ich glaube, das war auch der Grund, warum ich noch keine einfache
Situation erlebt hatte... Ich dachte zwar sehr viel an mein schönes
Motto-Ziel, aber wirklich umgesetzt hatte ich es bis dahin noch nicht.
Also die Vorstellung, dauernd himbeerlächelnd durchs Leben zu
gehen, war doch schon recht anstrengend. Ich wollte ja nicht immer nur
lächeln, da bekomm ich ja einen Krampf in meinen Mundwinkeln ;-).
Mir war es wichtig, dass ich auch nicht lächeln darf. Ein Dauerlächeln
ist ja auch nicht immer angebracht.

Ich erinnerte mich an eure Bemerkung, dass das Motto-Ziel nicht in
Stein gemeißelt ist, dass es sich also auch noch verändern darf und
kann. Und genau das war dann bei mir der Fall! Mein umgeformtes
Motto-Ziel heißt: Ich verschenke mein Himbeerlächeln, wem ich will!
Meine Affektbilanz ist nun auf −0 und +95. Da ist ja noch ein bisschen
Platz bis zur 100. Falls sich nochmals etwas ändern sollte, werde ich
es euch wissen lassen.

Kaum hatte ich diese Formulierung, ist mir die Umsetzung in einer
einfachen Situation geglückt. In der Cafeteria unserer Firma holte ich mir
einen Kaffee und kam dabei an einem Tisch vorbei, an dem drei Männer
saßen. Einer von ihnen, der übrigens sehr nett aussah, schaute mich an.
Ohne mir Gedanken über mögliche Konsequenzen zu machen, lächelte
ich ihn himbeersüß an, einfach so! Natürlich habe ich mich danach,
wie ihr es uns beigebracht habt, gelobt und mit einem Himbeerbonbon
belohnt. Das war wirklich ein schönes Gefühl, ich danke euch beiden!

Ich schicke euch himbeersüße Grüße :-)
Monika

Von Stefan haben wir nach zwei Monaten diese SMS bekommen:

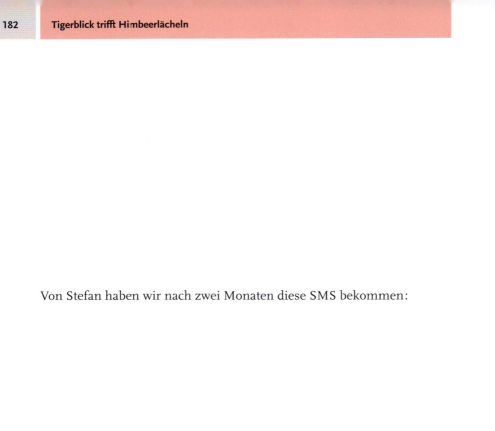

Charlotte schrieb uns sechs Wochen nach dem Kurs diese E-Mail:

Betreff: Kurs
Von: charlotte@schoenheit.ch
An: julia.weber@ismz.ch
Cc: johannes.storch@ismz.ch

Liebe Julia, lieber Johannes,

auf dem Ärztekongress habe ich zwei nette Kollegen kennengelernt, und ich habe bereits gespürt, dass ich mich unkritischer auf die Männer einlassen kann. Den einen werde ich bei einem anderen Kongress nächste Woche wiedersehen. Ich freu mich schon, dann noch mehr Facetten an ihm zu entdecken.

Alles Liebe
Charlotte

P.S.: Mein Schmetterlingskleid war offensichtlich ein voller Erfolg!

Von Manfred erhielten wir gleich zwei Nachrichten. Die erste kam nach drei Monaten in Form einer kurzen E-Mail und ein Jahr später erhielten wir von ihm eine Postkarte aus Schweden:

Betreff: Flirttraining
Von: manfred@tigergrrr.de
An: julia.weber@ismz.ch
Cc: johannes.storch@ismz.ch

Liebe Julia,
lieber Johannes,

ich wollte euch nur kurz zurückmelden: Das mit den Tigeröhrchen klappt erstaunlich gut, und mit Sabine (der netten Verkäuferin aus der Bücherei) war ich schon zweimal Kaffee trinken. Sobald es mehr Neuigkeiten gibt, melde ich mich wieder.

Bis dahin
Euer Manfred

Liebe Julia und Johannes,

mein Traum ist wahr geworden, ich fahre mit Erika in dem Wohnmobil durch Schweden. Sie ist vor einem Jahr in unseren Anglerverein eingetreten, und wir teilen die gleichen Leidenschaften.

Erika & Manfred

J. Weber + J. Storch
ISMZ Gmbh
Scheuchzerstrasse 21
CH-8006 Zürich

Egal, wie Sie dieses Buch nun gelesen haben, ob in einem Rutsch und mit dem Vorsatz, die Arbeitsblätter erst in einem zweiten Durchgang auszufüllen, oder ob Sie bereits während des Lesens alles bearbeitet haben: Sie sind jetzt in der Lage, mit Hilfe Ihres Unbewussten ein zu Ihnen passendes Motto-Ziel zu erschaffen. Sie können dadurch das Flirten lustvoll angehen. Und egal, was Ihr Vorhaben ist, ob Sie einen Partner für das restliche Leben oder möglichst viele verschiedene Menschen kennenlernen wollen, nutzen Sie Ihr neu erworbenes Wissen so oft, wie Sie können. Strahlen Sie in Ihre Umwelt und flirten Sie so oft, wie Sie wollen. Sie werden erstaunt sein, wie viele Menschen dieses Angebot dankbar aufnehmen und erwidern. Wir wünschen Ihnen dabei viel Spaß und vor allem viel Erfolg!

Adressen im Internet

Informationen zum Zürcher Ressourcen Modell finden Sie unter www.zrm.ch

Für Fragen und Informationen zu Seminaren und Workshops wenden Sie sich bitte an das Institut für Selbstmanagement und Motivation Zürich (www.ismz.ch) und für einen humorvollen und informativen Vortrag direkt an uns (julia.weber@ismz.ch oder johannes.storch@ismz.ch)

Literaturverzeichnis

Bucci, W. (2002) The referential process, consciousness, and the sense of self. Psychoanalytical Inquiry, 22 (5), 776–793.

Carver, C. S. & Scheier, M. F. (1998). On the self-regulation of behavior. New York: Cambridge University Press.

Damasio, A. (2011). Selbst ist der Mensch. Körper, Geist und die Entstehung des menschlichen Bewusstseins. München: Siedler.

Ferguson, M. & Porter, S. (2009). Goals and (implicit) attitudes: A social-cognitive perspective. In: Moskowitz, G. & Grant, H. (Hrsg.). The Psychology of Goals. New York: Guilford, S. 447–479.

Friedmann, R. S. McCarthy, D. M., Förster, J. & Denzler M. (2005). Automatic efffects of alcohol cues on sexual attraction. Society for the Study of Addiction, 100, S. 672–631.

Gollwitzer, P. & Sheeran, P. (2006). Implementation intentions and goal achievement: A meta-analyses of effects and processes. Advances in Experimental Psychology, 38, 69–119.

Gollwitzer, P. (1990). Action phases and mind-sets. In: Higgins, E. & Sorrentino, R. (Hrsg.). Handbook of Motivation and Cognition. New York: Guilford, S. 53–92.

Grawe, K. (1998). Psychologische Therapie. Göttingen: Hogrefe.

Hagemann, D. (2009). Belohnungs- und Bestrafungssensitibilität. In: Brandstätter, V. & Otto, H. (Hrsg.). Handbuch der Allgemeinen Psychologie – Motivation und Emotion. Göttingen: Hogrefe, S. 306–312.

Hauk, O., Johnsrude, I. & Pulvermuller, F. (2004). Somatotopic representation of action words in human motor and premotor cortex. Neuron, 41, 301–307.

Heckhausen, H. (1989). Motivation und Handeln. Berlin: Springer.

Kissler, J., Assadollahi, R. & Herbert, C. (2006). Emotional and semantic networks in visual word processing: Insight from ERP studies. In: Anders, S., Ende, G., Junghofer, M., Kissler, J. & Wildgruber, D. (Hrsg.). Understanding Emotions. Heidelberg: Elsevier, S. 147–183.

Kuhl, J. (2009). Lehrbuch der Persönlichkeitspsychologie: Motivation, Emotion und Selbststeuerung. Göttingen: Hogrefe.

Kuhl, J. (2001). Motivation und Persönlichkeit. Göttingen: Hogrefe.

Lang, P., Bradley, M. M. & Cuthbert, B. N. (1997). Motivated Attention: Affect, activation, and action. In: Lang, P., Simons, R. & Balaban, M. (Hrsg.). Attention and Orienting: Sensory and Motivational Processes. Hillsdale, NJ.: Erlbaum, S. 35–67.

LeDoux, J. (2000). Emotion circuits in the brain. Annual Review in Neuroscience, 23, S. 155–184.

Moore, B., Michel, W. & Zeiss, A. (1976). Comparative effects of the reward stimulus and its cognitive representation in voluntary delay. Journal of Personality and Social Psychology, 34, 419–424.

Roth, G. (2009). Persönlichkeit, Entscheidung und Verhalten. Warum es so schwierig ist, sich und andere zu ändern. Stuttgart: Klett-Cotta.

Storch, M. & Kuhl, J. (2012). Die Kraft aus dem Selbst. Sieben PsychoGyms für das Unbewusste. Bern: Huber.

Storch, M. (2009). Motto-Ziele, S.M.A.R.T.-Ziele und Motivation: In: Birgmeier, B. (Hrsg.). Coachingwissen. Ansätze, Betrachtungen, Konzepte und Entwürfe zur Theorie- und Wissenschaftsorientierung im Coaching. Wiesbaden: VS-Verlag.

Storch, M. & Krause, F. (2007, 4. Aufl.). Selbstmanagement – ressourcenorientiert. Grundlagen und Trainingsmanual für die Arbeit mit dem Zürcher Ressourcen Modell. Bern: Huber.

Storch, M. & Riedener, A. (2005). Ich pack's! Selbstmanagement für Jugendliche. Ein Trainingsmanual für die Arbeit mit dem Zürcher Ressourcen Modell. Bern: Huber.

Tarzan am Steuer – Macho-Vokabeln fördern die Raserei männlicher Autofahrer. Gehirn & Geist, Januar / Februar (2008), Nr. 1–2 / 2008 S. 12.